Dirección, Gestión de Marketing y Ventas

Orientado a Pymes y comercios minoristas

Jorge Enrique Stern

Stern, Jorge
Dirección, gestión de marketing y ventas: orientado a Pymes y comercios minoristas
1ª Ed. - Buenos Aires
Pluma Digital Ediciones 2012
ISBN 978-987-28396-0-4
Formato: 17 x 23 cms
Paginas: 250
Autor: Jorge Enrique Stern
1. Marketing. 1. Título
CDD 658.83

Coordinación editorial: Osvaldo Pacheco
carlososvaldopacheco@hotmail.com

Diseño de tapa e interior: www.editopia.com.ar

Fecha de catalogación: 02/08/2012

ISBN 978-987-28396-0-4
Impreso en Argentina/Printed in Argentina
Bibliografika SA

ISBN 978-987-28396-0-4

9 789872 839604

Un enfoque actualizado, técnico y práctico, para ser competitivos y rentables

Indice

PRIMERA PARTE
DIRECCIÓN Y GESTIÓN

1.1- Introducción

La dirección y conducción de empresas Pymes debe orientarse a normas y procedimientos que aseguren su subsistencia, crecimiento y competitividad. Mercados globalizados, altamente competitivos y en permanente proceso de cambio e innovación requieren información técnica, conocimientos y sistemas para negocios eficientes, eficaces y competitivos. Para ello la gestión de marketing y ventas constituyen caminos estratégicos para operar con rentabilidad y constante valorización del capital real y la imagen del negocio, ante clientes, proveedores, socios y público en general.

La rutina, la intuición y la improvisación deben reemplazarse por prácticas inteligentes, basadas en tecnologías de gestión, de accesible utilización, a fin de eliminar riesgos y capitalizar oportunidades de mercados, donde sólo permanecen los negocios conducidos por responsables con conocimientos adecuados y actualizados, que aseguren trayectorias duraderas y exitosas.

El nuevo paradigma para la dirección de empresas Pymes está basado en tres atributos: Conocimientos, visión-intuición y acción.

La lectura y empleo de los contenidos de esta obra contribuirán a transformar empresas, y futuros emprendimientos, con problemas o altos niveles de vulnerabilidad, en organizaciones Pymes eficaces con horizontes de estabilidad, progreso y atracción de clientes e inversores, para la generación de valores económicos, financieros y sociales.

Este libro está dirigido a: profesionales, asesores de empresas, empresarios Pymes, comerciantes, gerentes, personal que trabaja en negocios minoristas, así como a todos los interesados en mejorar las aptitudes y actitudes para el desarrollo de actividades eficientes, competitivas y rentables en materia de negocios y comercialización de empresas Pymes.

Sus contenidos, en lenguaje técnico accesible, con ejemplos, ejercicios de aplicación y casos tienden a mejorar conocimientos, habilidades y destrezas para resolver problemas de los negocios y su comercialización, para conseguir metas de subsistencia en el mercado, así como para incorporar herramientas para crecer y obtener mayor competitividad y beneficios.

1.2- Objetivos de una Dirección Eficaz

La eficacia permite definir y orientar qué opciones y caminos a seguir para conseguir resultados satisfactorios. En este sentido podemos resumir los siguientes objetivos y metas para que las Pymes desarrollen negocios con beneficios crecientes, liberados de riesgos previsibles que deben ser debidamente controlados.

- Producir resultados económicos razonables.
- Dirigir el negocio para crear valor que se traduzca en beneficios.
- Aplicar técnicas y procesos para realizaciones comerciales prácticas y eficaces.
- Actuar personalmente para que los resultados deseados se concreten.
- Desarrollar actividades creadoras para una mejora continua en operaciones y resultados.
- Elegir permanentemente alternativas de acción para superar dificultades propias del mercado.
- Elaborar estrategias, definir objetivos actualizados en función de las circunstancias.
- Planificar actividades para una mejora continua. Coordinar procesos.
- Motivar desempeños del personal a su cargo.
- Evaluar gestiones y resultados.
- Generar ventajas competitivas.
- Asegurar el mantenimiento de cartera de clientes.
- Crear nuevos clientes.
- Negociar eficazmente con los proveedores, para lograr apoyos y acciones comunes.
- Realizar alianzas estratégicas para mejorar el crecimiento del negocio.
- Asesorarse permanentemente para ser más eficientes, eficaces y competitivos.
- Implantar sistemas de responsabilidad y compromiso social.

1.3- Principales responsabilidades de la conducción del negocio Pyme

El responsable de la conducción, sea el propietario, socio, gerente o encargado del negocio debe tener conocimientos, habilidades y destrezas que le faciliten cumplir con los objetivos en su tarea. No debemos dejar de tener presente que, una cuestión es conducir un negocio, y otra diferente "gerenciarlo". La diferencia consiste en que cualquiera puede conducir, pero sólo los que están capacitados pueden gerenciar. Los resultados positivos son la consecuencia para el gerenciamiento. En cambio la simple conducción tiene el riesgo de "destruir riquezas y oportunidades".

A tal fin son sus principales responsabilidades y prioridades de gestión, las que se detallan a continuación.

- Identificar y promover ideas, propuestas y actividades, ya sea provenientes de su iniciativa, como de las de su personal, proveedores, asesores y competencia.
- Mantener abiertos múltiples canales de información.
- Analizar los cambios del mercado y anticiparse a las oportunidades y riesgos.
- Dirigir el negocio con objetivos abiertos, flexibles y propicios para una mejora continua.
- Tener sentido critico para encontrar errores, corregirlos y buscar soluciones creativas.
- Pensar que el negocio exige una permanente interacción entre sus decisiones, las de sus clientes, proveedores y competidores.
- Entender que los resultados no son casuales, sino "causales" y siempre dependen del responsable principal del negocio. No buscar culpas ajenas, sino corregir las propias.
- Percibir que hoy sólo se consigue rentabilidad cuando se pone atención al cliente.
- Propiciar alianzas estratégicas para incorporar fortalezas y reducir vulnerabilidad.
- No tener miedo o dejarse arrastrar por la competencia, sino por el contrario buscar alternativas favorables para competir, con imaginación, acción y pasión.
- Hacer frente con emoción, y no sólo con preocupación, los desafíos del negocio, para subsistir, y luego crecer.
- Tomar conciencia y producir acciones en momentos de crisis, ya que ésta tiene fases negativas, pero también campos de oportunidades para encontrar soluciones.
- Ser emprendedor, innovador, creativo y tener confianza en sus gestiones si responden a criterios racionales y técnicos.
- Reemplazar constantemente la rutina por el espíritu creador e innovador.

- Diseñar e implementar planes estratégicos de negocios y hacerlos cumplir.
- Evaluar desempeños y resultados a través de mecanismos de "tableros de control".
- Dimensionar riesgos y utilizar planes de contingencia.
- Medir periódicamente los niveles de competitividad de su cadena de valor organizacional.
- Implementar modelos de marketing interno y de responsabilidad social empresaria.
- Crear y mantener carteras de clientes rentables y satisfechos.
- Aplicar las últimas innovaciones en materia de gestión de espacios, exhibición de productos, rotación de stocks y administración de categorías de mercaderías y servicios
- Incrementar la calidad de atención y servicios a clientes, como estrategia de diferenciación y fidelización.
- Mejorar las comunicaciones internas y externas con los clientes.
- Capitalizar las ventajas de métodos de logística aplicada al comercio minorista, para mejorar compras, selección de surtidos y rotación de existencias.

1.4- Pasado, presente y futuro de empresas Pymes y del comercio minorista

Es útil conocer cómo ha evolucionado el mercado y qué impactos, positivos y negativos, se han producido para los negocios de empresas Pymes y los comercios minoristas en particular, así como también entender cuáles son las tendencias y requerimientos para subsistir y crecer en el futuro, donde realmente es necesario llegar, pese a la naturaleza de los mercados cambiantes, inestables, globalizados y duramente competitivos.

Describiremos a tal fin cuáles son las tendencias y requerimientos para subsistir y crecer en el futuro.

Ideas fuerza
- Antes en todos los negocios los resultados dependían sólo de la actividad y la experiencia. Hoy, además de ello, es imprescindible incorporar conocimientos y manejar procesos adecuados al tiempo y a la competencia.
- Los negocios, al igual que todos los seres vivos, dependen para su subsistencia

de su capacidad de adaptación al medio en el que actúan.

- Entender y manejar el cambio es tan importante, como la experiencia y rutina de comprar y vender.
- Ningún comerciante puede tomar decisiones, al igual que los pilotos de autos, aviones ó barcos, sin instrumentos que le indiquen dónde se encuentran, cómo van y hacia dónde dirigirse.
- El problema del negocio minorista no es la competencia, sino la forma técnica como hay que competir.

Al final de esta unidad se encontrará una serie de diez preguntas, donde se podrá seleccionar una respuesta correcta, para cada una de ellas, entre tres alternativas planteadas. El propósito es contribuir a fijar una percepción de los conocimientos leídos, para su mejor aplicación.

1.5.- ¿Cómo es el negocio?

Ideas fuerza
- Los escenarios nos permiten conocer los clientes reales y potenciales, sus características familiares, personales, costumbres, poder de compras y expectativas.
- En los escenarios encontramos la actividad de la competencia, sus performances y resultados.
- Los escenarios cambian cada vez con mayor rapidez. Debemos captar sus señales y aplicarlas para tomar decisiones estratégicas y operativas.
- Los escenarios son como caminos que debemos recorrer; pero son caminos de montaña, con precipicios y curvas muy peligrosas. Tener referencias actualizadas y mapas nos ayudan a llegar con menor riesgo y mayor rapidez a nuestro objetivo comercial.
- No se pueden tomar decisiones y focalizar actividades de negocios, sin previamente conocer las características más relevantes, precisas y actualizadas del contexto. Hacerlo así es como caminar o conducir con los ojos vendados.

Los negocios, dentro de ellos los de las empresas Pymes y particularmente los minoristas, son como los témpanos en el océano. Sólo se ve la punta del iceberg. Esta parte visible representa las transacciones de compra y venta, pero debajo de la línea de observación hay una "masa" de sustentación de mayor y más importante envergadura y significado, de la cual dependen los resultados finales.

Con este ejemplo queremos explicar que el negocio es el resultado de un conjunto de partes, algunas fácilmente identificables y otras que requieren de mayor trabajo para detectarlas. Todas ellas deben ser tenidas en cuenta para dirigir las actividades a "buen puerto".

Pensar que un negocio es sólo una actividad industrial, comercial, de servicios, o bien abrir un comercio para producir bienes o servicios o comprar mercaderías y luego esperar que vengan clientes para venderles, es una simplificación que dificulta desarrollar una administración comercial eficiente.

También es dejar librado a los acontecimientos no controlables el éxito o fracaso de la gestión.

Por ello, debemos comprender que los negocios son sistemas, vale decir responden a un conjunto de elementos que lo componen, y a una serie de principios y relaciones que lo gobiernan. Si entendemos el sistema y sus reglas, podemos "jugar" - actuar - con probabilidades de mayor eficacia; evitar riesgos previsibles y obtener resultados satisfactorios.

Los médicos conocen el sistema que rige el funcionamiento del cuerpo humano; los ingenieros se especializan en conocer sistemas mecánicos, electrónicos, constructivos; los abogados el sistema jurídico.

Los empresarios Pymes y los comerciantes minoristas, de la misma forma, deben ser profesionales y no "amateurs", o improvisados. Por ello, deben conocer el sistema de los negocios para conducirlos con eficacia y menor riesgo comercial.

Las reglas del juego, o sea los principios a los que responden los negocios, constituyen el marketing o disciplina de comercialización, que aplicada a toda actividad facilita una conducción eficiente para obtener resultados positivos y disponer de una competitividad adecuada para actuar en el mercado.

En lugar del océano, tomado en nuestra metáfora, los negocios se desarrollan en un medio o contexto, que constituye el escenario, donde se localizan las condiciones del mercado, de las cuales dependen los resultados del negocio.

El escenario es como un plano, mapa o tablero, donde podemos ubicar las distintas piezas que debemos utilizar en nuestro juego, para tomar decisiones y realizar operaciones.

Todos los responsables de empresas y los comerciantes, en forma pensada, o por intuición, analizan el escenario. El problema consiste en verificar si las herramientas empleadas para este análisis son adecuadas para reflejar su realidad.

A veces los criterios de evaluación de los escenarios son ineficientes, otras veces son parcialmente eficientes, y en muchos casos no se los tiene en cuenta para planificar y ejecutar actividades.

Los escenarios constituyen el medio donde están las oportunidades y amenazas, que facilitarán o impedirán la gestión del comercio.

¿Qué se encuentra en un escenario de negocios? En él se reflejan las oportunidades para aprovechar mediante inversiones, estrategias y operaciones; así como las amenazas que deberán enfrentarse y resolverse para evitar fracasos y pérdidas económicas.

En el escenario se localizarán las características geográficas, llamadas condiciones de plaza; con la cantidad de población y sus atributos: perfiles de edad, cultura, costumbres y poder de compra.

También en los escenarios se detectarán a los competidores directos e indirectos, así como a las leyes y reglamentaciones, nacionales, provinciales y municipales, que generan derechos y obligaciones.

Los escenarios hoy, a diferencia de lo que antes pasaba, evolucionan y cambian cada vez con mayor rapidez.

Conocerlos, entenderlos e identificar sus señales para tomar decisiones y realizar operaciones comerciales, constituyen las reglas del juego de los negocios. Desconocer las realidades actualizadas de un escenario es como transitar en un camino de montaña que no se conoce, sin planos, ni referencias que permitan orientarse.

Para ejemplificar cómo se analiza un escenario, planteamos a continuación el siguiente caso referido a un comercio minorista:

Localización: Zona comercial de un barrio de la ciudad.
Radio de influencia: 5 cuadras a la redonda del local.
Población del área de influencia: 1600 hogares, con 4.800 personas.
Población flotante, de paso por la zona: 5.000 personas diarias.
Empresas, comercios, oficinas e instituciones compradoras potenciales: 83
Características de la población: 3% clases altas, 10% clase media alta, 20% clase media, 60% clase humilde, 7% indigentes, 20% familias con hijos menores de 10 años, 40% con hijos de más de 10 años, 35% familias sin hijos a su cargo, 5% personas que viven solas.

Tienen tarjetas de crédito 30% de la población de la zona.

Tienen teléfono celular 85% de la población de la zona.

Tienen vehículos 25%.

Viven en departamentos de su propiedad 40%.

Viven en casas de su propiedad 15%.

Alquilan 85%.

Población desocupada: aproximadamente 12%.

Hábitos de compra con relación al tipo de negocio: 2 veces x mes.

Valor promedio de compra por ticket o factura $ 10

Lugares habituales donde compra: 3 lugares del mismo tipo.

Lealtad a los lugares de compra: 25%.

Distancia promedio desde el lugar de residencia o trabajo: aprox. 3 cuadras.

Comercios de competencia directa localizados en la zona de influencia: 7.

Comercios de competencia indirecta localizados en la zona de influencia: 4.

Comercios de competencia directa en un radio de 5 a 20 cuadras del local: 15.

Clientes registrados e identificados del negocio: 170.

Clientes no registrados ni identificados, sólo con datos de ticket de caja: 280.

Para el caso de una industria Pyme:

Localización de fábrica y oficinas comerciales.

Radio de influencia o cobertura: local, regional, nacional, internacional.

Cantidad y clasificación de clientes reales y potenciales.

Canales de distribución empleados por la empresa y su competencia.

Competencia directa e indirecta.

Estimación del mercado potencial en unidades de productos o montos.

Participación de mercado de la empresa y sus principales competidores.

Oportunidades de nuevos negocios.

Ventajas y desventajas competitivas.

Imagen y posicionamiento local, regional e internacional.

Comunicaciones internas y externas de marketing.

Servicios al cliente propio y de la competencia.

Tipos de controles de calidad en todo el proceso del negocio.

Niveles de rentabilidad y tendencias.

Grado de liquidez financiera.

Tipo de tecnología propia y competitiva, Grados de actualización.

Endeudamiento y tendencias.
Capacitación técnica y comercial.

Definiciones de términos usuales

Escenarios: Son los lugares donde se realizan los negocios, constituyen el mercado donde se actúa, y se componen de elementos geográficos, de población, hábitos, costumbres, poder de compras, leyes reglamentaciones y competencia.
Dinámica del cambio: Modificación constante de las características del escenario donde se realizan los negocios.
Señales del escenario: Son informaciones actualizadas que permiten identificar oportunidades y riesgos del mercado.
Miopía estratégica: consiste en no ver, ni tener interés en identificar las señales del escenario, para tomar decisiones y realizar gestiones.

Preguntas o dudas que pueden surgir del capítulo

Yo trabajo hace tiempo en este negocio, nací y me desarrollé en esta zona, ¿necesito más información de la que ya conozco?
Es probable que su experiencia aporte datos útiles, pero siempre es necesario revisar y ampliar su información para captar señales más completas y eficaces para conducir sus actividades comerciales.

¿Cuáles son las señales más importantes del escenario?
Dependen de su negocio, pero en general, tienen relación con la población que reside en la zona de influencia de su local, de sus actividades, edades, composición familiar cultura, ingresos, hábitos, lugares de compra; actividad y resultados de la acción de la competencia.

¿Cómo tener información de los escenarios?
Ocupándose de captar datos sobre población, competencia y condiciones del mercado donde actúan. Solicitar informaciones a clientes, proveedores, profesionales relacionados, así como a instituciones oficiales como municipalidad, estadísticas provinciales e informaciones de cámaras empresarias, revistas técnicas y lecturas de secciones económicas de diarios.

¿El tiempo y el costo de la información para conocer escenarios, se justifican en una empresa Pyme o en un comercio minorista?

En primer lugar el costo es bajo, y se paga solo con sus rendimientos. Requiere algo de tiempo para su análisis e interpretación, pero sus consecuencias son de alto valor para incrementar beneficios y asegurar decisiones más positivas y con menor riesgo.

1.6- De lo rutinario e intuitivo a lo profesional y efectivo

A través del tiempo, los mercados fueron cambiando y la actitud de las empresas y negocios debió adaptarse, para poder seguir actuando con éxito.

En épocas ya bastante lejanas, podemos decir más de veinte años atrás, los mercados eran accesibles, porque la demanda superaba a la oferta; existía inflación, se compraba por necesidad y conveniencia, mucho más de lo necesario.

Tener buenos stocks, era negocio, tanto para el comercio, como para el consumidor final, que siempre llenaba sus alacenas y heladeras. Endeudarse siempre daba resultados, la desocupación era relativamente baja, y las fuertes regulaciones protegían a todos, sin distinción de buenas o malas empresas o comercios.

Lo que se vendía se cobraba y los créditos eran de otorgamiento más benigno. Existían buenos márgenes y la rentabilidad, en general, era satisfactoria y muchas veces excelente.

Los intereses se pagaban con la inflación y era conveniente endeudarse para trabajar más. La competencia no era tan agresiva y consistía en compartir actividades, más que en atacar para subsistir.

Todo este escenario se acabó, y... ¡para siempre, en el futuro!

Hoy - y desde hace ya casi 3 décadas - el mercado es de oferta, porque por cada comprador existen decenas y centenas de oferentes avanzadas de mercados globalizados, en proceso de cambio, con alta y feroz competencia.

Aparecieron cadenas de empresas nuevas, muchas de ellas de origen internacional, así como super e hipermercados. También los quioscos multiproductos y los maxiquioscos, la venta a domicilio, y el "delivery" se extendió en proporciones inimaginables.

Y por último, está en expansión la venta "on line", llamada "e-commerce", que sin fronteras, con buenos precios, rapidez y amplísima variedad de surtido, compite con las ventajas de los comercios de proximidad.

Todo este cuadro refleja la situación actual del mercado, donde lo tradicional ya no tiene razón de existir. Hoy la "profesionalidad" reemplaza a la experiencia y a las formas pasadas de encarar los comercios minoristas.

Profesionalidad quiere decir aptitud y actitud para adaptarse y competir con conocimientos, habilidades y destrezas, para resolver con éxito situaciones difíciles como las que detallamos al describir los escenarios actuales y del futuro.

No se trata de suerte, o de aventura, sino de método e inteligencia aplicada para subsistir, crecer y lograr rentabilidad. Lo importante ahora no es la competencia, sino la forma de competir. Decimos entonces, con fundamento, adaptando parte de un conocido adagio, que "el pez grande se come al chico, si este no hace buena gestión de marketing".

Por ello, con los contenidos de este texto contribuiremos para que su negocio pueda alcanzar estas metas y ser uno de los que, al proyectarse al futuro, tengan el privilegio de gozar de un mercado más depurado y capitalizar oportunidades más positivas y rentables, que las que hoy lo afectan.

Ejercicio de interactividad. Trabajo de aplicación

Cuatro preguntas para estimular su pensamiento e inteligencia comercial

1. ¿Pensó cómo tendrá que competir en el futuro?
2. ¿Es su negocio tradicional o comenzó ya a profesionalizarse?
3. ¿Cuáles son los cambios que realizó últimamente?
4. ¿Qué cambios piensa realizar a corto, mediano y largo plazo?

1.7- La importancia de la flexibilidad en las decisiones y operaciones

Hemos hablado en el tema anterior de lo tradicional y lo profesional en la dirección de Pymes. Como conclusión señalamos que los negocios que no se adaptan a las condiciones cambiantes del mercado no tienen chances de subsistir.

La flexibilidad por lo tanto es una actitud organizacional y comercial, tan importante, como comprar, vender, atender a los proveedores y los clientes. Debe adecuarse constantemente a las condiciones del momento.

¿En qué consiste la flexibilidad en los negocios Pymes y en los minoristas, dentro de esta categoría de organizaciones?

Muy sencillo, en identificar las oportunidades de cambio y tener conciencia que ya no se puede seguir haciendo "más de lo mismo".

Hay que "tener cintura" para ubicarse y adaptarse a las realidades del mercado.

El mercado, los clientes, la competencia y los proveedores nos exigen ser flexibles y adaptativos. Es una conveniencia y una ventaja para sus intereses comerciales y personales.

¿Acaso no cambian constantemente los medios de comunicación, las tecnologías, las empresas proveedoras, las actividades y aptitudes para el deporte, las ciencias, el arte, y hasta las costumbres de las personas? Entonces, ¿por qué no puede cambiar el comercio minorista?

Antes el cambio era para los intrépidos y los aventureros, los arriesgados y hasta inconscientes. Hoy el cambio es una condición, sin la cual no se subsiste ni se crece. No responde a modas o copias, sino a una inteligente decisión para seguir y alcanzar objetivos rentables en el presente y en el futuro.

Ser flexibles es sinónimo de invulnerabilidad. Hacerse "amigo" y "asociarse al cambio", no por el cambio en sí mismo, sino como aptitud de adaptación a las condiciones innovadas de los escenarios, es síntoma de ser "buen comerciante" y responsable profesional de los negocios.

Siete condiciones para incorporar flexibilidad a su negocio:

1. Analice los procesos de cambio en su mercado
2. Identifique oportunidades de cambio que introduzcan mejoras en sus gestiones y rendimientos.
3. Busque soluciones posibles y accesibles de cambio.
4. Elija y planifique cambios que provoquen soluciones en su actual situación, tanto para el corto, como para el mediano y largo plazo (ya, dentro de los próximos meses, dentro de uno o dos años).
5. Implemente los cambios gradual y progresivamente. Empiece mañana.
6. Evalúe los resultados de su flexibilidad, aplicada a los cambios en su negocio.
7. Aprenda de su experiencia y continúe en forma permanente con una actitud flexible y adaptativa. Haga del cambio una actividad constante, e imprescindible, para la estabilidad real de su negocio.
8. Analice las mejores prácticas que utilizan empresas exitosas y adáptelas a su empresa, aunque no sean del mismo rubro o sector de negocios (benchmarking).

Ejercicio de aplicación práctica

Cinco preguntas para ayudar a lograr una actitud más flexible en los negocios

1. ¿Pensó cómo mejorará su negocio si logra cambiar algunas prácticas que siempre utiliza?
2. ¿Qué cambios piensa Ud. que puede introducir en forma inmediata en su negocio?
3. ¿Cómo impactarán en sus resultados los cambios a introducir?
4. ¿Cómo mejorará su estrategia competitiva y cómo se reducirá su actual vulnerabilidad?
5. ¿Cómo aumentarán los beneficios, soluciones y ventajas que Ud. ofrece a sus clientes?

1.8- El escenario del mercado argentino

Ideas fuerza
- El sector minorista representa el campo de mayores oportunidades de negocios en el país, por su enorme potencial. Este seguirá en crecimiento, pese a las transitorias y recurrentes crisis.
- La vulnerabilidad de las Pymes se origina en su falta de competitividad, no en la naturaleza de su estructura y magnitud pequeña.
- Aun el más pequeño comercio, cualquiera sea su actividad, tiene posibilidades de ser exitoso, en la medida en que se lo maneje con profesionalidad.
- No existen comercios chicos o comercios grandes, en el sentido genérico tradicional. Hoy los comercios pueden "estar grandes o chicos", según los conocimientos y las técnicas que se apliquen para su conducción.
- Hay comercios que son grandes, pero "están chicos" y a la inversa, hay comercios que son chicos pero que "están grandes" por las formas con que se los maneja.

Más del 80% de la riqueza que se produce en el país, y que a la fecha puede estimarse en 18.000.000 millones de pesos anuales, se consumen en distintos tipos de bienes y servicios.
De esta cifra, como mínimo el 75% se comercializa a través de los negocios minoristas. Vale decir que la importancia del comercio minorista, dentro del cual del

sector de Pymes representa una significativa participación, en dinero, una suma de alrededor de 13.500.000 millones de pesos anuales, equivalentes a 370.000 millones de pesos de venta minorista diaria.

¿Cuál, por comparación, es el movimiento de la bolsa de valores, o el mercado de cereales, o de cualquier otro rubro, de los considerados importantes, de los cuales los diarios y demás medios de comunicación se ocupan cotidianamente, como representativos de la economía del país?

Para su comprensión, y a lo mejor para su sorpresa,... ¡casi diez veces menos!

Queda demostrada así, la magnitud y la trascendencia de las empresas Pymes y del comercio minorista en la economía y la vida de un país.

Sin embargo, mientras otras actividades como por ejemplo la industria, los servicios de alta tecnología, las finanzas y demás sectores de la economía han introducido cambios y perfeccionamiento en sus estructuras de funcionamiento, para avanzar en su competitividad, las Pymes y el comercio minorista, en general, han tenido una evolución más lenta en la adopción de cambios necesarios para su subsistencia. Es importante que los profesionales de la administración, del marketing y de las ventas adviertan estas circunstancias para focalizar a las Pymes como un sector que requiere sus gestiones y que al mismo tiempo representa un campo de oportunidades para su labor especializada, como una gestión de valor personal, del sector y de la comunidad en general, como aporte profesional que influya en el crecimiento de la riqueza nacional.

Salvo algunas cadenas integradas de negocios minoristas, y, por supuesto, grandes corporaciones internacionales de distribución – caso de super e hipermercados- podemos afirmar que el negocio minorista se encuentra en un proceso de real "sub-desarrollo". Esto significa que la competitividad de las Pymes y negocios minoristas, a nivel global, es muy baja y sus rendimientos escasos, o negativos. Un ejemplo interesante de observar es el de los pequeños negocios chinos y coreanos, que recientemente se han integrado para mejorar sus compras, gestionar profesionalmente sus actividades e inclusive producir para sus asociados productos con marcas propias (Molino Dorado, etc.).

¿A qué obedece esta circunstancia crítica? Muchos piensan que a la competencia, a la situación económica del país, o a las políticas oficiales con relación a regulaciones, o disposiciones del funcionamiento del mercado. Es cierto, estos factores gravitan, pero no en el total de la problemática. La realidad es que más del 50% de las causas del "estancamiento en la evolución de la Pymes y del comercio minorista" se debe a su propia actitud para el manejo del cambio.

La falta de estrategias, la no incorporación de conocimientos técnicos para aplicarlos a las tácticas comerciales, así como la resistencia al cambio, son las verdaderas causas de la circunstancia descripta. Potencialmente el comercio minorista tiene el mismo o mayor peso en la economía del país, en la actualidad que en el pasado. Su potencialidad es enorme y seguirá creciendo. Los que cambian son los actores, dentro de este escenario. Antes eran "amateurs o aficionados", como en muchos deportes. Pero los negocios han dejado de ser deportes y exigen para su conducción alto profesionalismo. No interesa el tipo o magnitud del comercio minorista. Cualquier actividad requiere de gestiones eficientes y competitivas que aseguren creación de valor. Si no se crea valor se destruye valor, y esto es lo que muestra la "lupa "que mira el mercado argentino del sector minorista. En otros términos podemos concluir que, en general, el sector Pymes padece de una enfermedad; tiene "virus", que heredó de otras épocas, que producen alta vulnerabilidad, bajan las defensas y ponen en peligro su existencia. No es un mal terminal o fatal, pero si no se lo trata puede llegar a serlo, como demuestran las cifras – ya citadas- de cierres reales y potenciales de negocios.

Definiciones y términos usuales

Vulnerabilidad: Debilidad, carencia de defensas para enfrentar a la competencia.
Mercado: Ámbito socioeconómico y geográfico donde se localizan oportunidades y amenazas para el desarrollo de los negocios.
Mercado masivo: Ámbito socioeconómico y geográfico donde se comercializan productos y servicios para clientes de todos los segmentos. Se caracteriza por un amplio surtido de productos y servicios de compra frecuente y permanente, generalmente de precios accesibles y con una distribución muy intensiva. Hay muchos oferentes y demandantes.
Profesionalidad: Capacidad para administrar eficientemente un negocio, con técnicas y procesos idóneos.
Valores: Soluciones, beneficios, ventajas y satisfacciones que se deben ofrecer a

los clientes, como medio para conseguir en forma recíproca utilidades y crecimiento en los negocios.

Creación de valores: Capacidad para idear, organizar y conducir gestiones que produzcan rendimientos de interés para los clientes y el comercio.

Destrucción de valores: Desaprovechar oportunidades para transformar tiempo, gestiones e inversiones en resultados positivos, tanto para el comercio como para sus clientes. Perder dinero en el comercio, consumir capital, perder clientes.

Preguntas o dudas que pueden surgir del capítulo

¿Cómo puedo identificar si tengo o no profesionalidad para el manejo de mi negocio?

La profesionalidad es una aptitud y una actitud, basada en el conocimiento de técnicas de administración comercial, (administración, marketing, ventas, servicios al cliente, etc.) o en procesos aplicados por empresas de alta competitividad, así como por la disposición a introducir mejoras en el funcionamiento y uso de recursos para crear más valor, para el cliente y en forma recíproca para su negocio.

¿Hay futuro para el comercio minorista, frente a la competencia de grandes empresas internacionales?

El problema no es la competencia, sino la forma como se debe competir. Los negocios minoristas de mediana o pequeña envergadura tienen ventajas sobre las grandes corporaciones detallistas, que - si son bien utilizadas - le dan amplias posibilidades para competir con éxito. En primer lugar sus menores costos de estructura, luego su personalización; la facilidad y rápida capacidad para adaptarse a cambios, así como su localización con alcances de mayor proximidad. La especialización, versus la generalización, adecuadamente administrada, es un valor aumentado ampliamente reconocido por los clientes. En todo el mundo existen y viven, sin mayores problemas, los negocios minoristas de pequeña y mediana magnitud, compitiendo con eficacia frente a los grandes comercios.

Eso sí, con marketing, y técnicas de gestión de última generación incorporadas, gracias a su interés, para perfeccionar sus métodos de planificación y gestión. Asociados, y alineados con sus proveedores e integrados en cámaras y con colegas para enfrentar juntos la incorporación de tecnologías, conocimientos y actividades conjuntas, tales como: promoción, compras, acceso a la informática y al asesoramiento de expertos en comercialización.

¿A los proveedores les interesan las pequeñas y medianas empresas y a los comercios minoristas?

Por supuesto que sí. Más aun, les tienen pánico a las negociaciones con grandes empresas y organizaciones de distribución, donde sus beneficios y riesgos son mayores y donde, generalmente, pierden el poder de negociación. Los proveedores necesitan del mediano y pequeño comercio minorista, y de las Pymes, en general, hoy más que nunca, y están dispuestos a apoyarlos y realizar acuerdos y alianzas con ellos, en la medida en que les demuestren capacidad y aptitudes para competir en el mercado.

Los consumidores son atraídos y responden en cantidad a las ofertas de las grandes cadenas de comercios ¿le interesan realmente los tradicionales comercios minoristas, de pequeña o mediana estructura?

El consumidor final busca soluciones, ventajas, beneficios y satisfacciones, no comercios grandes o pequeños. Si sus expectativas son cubiertas por los pequeños comerciantes, ellos no discriminan. Más aun, para sus compras cotidianas de productos de consumo masivo, prefieren locales de proximidad, a no menos de una o dos cuadras de su lugar de residencia o de trabajo. Generalmente los negocios grandes están en áreas muy localizadas y, salvo la reducida influencia de sus locales, la mayor parte del espacio geográfico está cubierto o disponible para el pequeño o mediano comercio de proximidad, vecino del domicilio del cliente. Hoy, en la medida en que el pequeño comercio "esté grande" en competitividad y capacidad de crear mayor cantidad de valores, percibidos por los clientes, éstos realizan sus compras más frecuentes en los buenos minoristas, dejando para compras esporádicas, dentro del mes (1 ó 2 veces, generalmente) las compras en las grandes cadenas.

¿Cambió la cultura del consumidor argentino, y ahora prefiere comprar en los negocios grandes, en lugar de los chicos?

El consumidor está ávido de cambios, es curioso y se deja tentar por las innovaciones. Dejó de ser totalmente fiel, por hábito.

Los negocios grandes introdujeron novedades y ofrecieron ventajas, que antes no tenían los pequeños comercios; por eso dejó de comprar en ellos. Pero es conveniente analizar que no lo hizo porque fuesen chicos, sino esencialmente porque no les daban lo que ellos querían: conveniencia, precios razonables y por sobre todo servicio e innovación.

Si un comercio pequeño o mediano ofrece todos estos condimentos en su funcionamiento, produce cambios, brinda más comodidad, y servicios, y logra ofrecer precios razonables, no más bajos, sino a un nivel aproximado al de los grandes, las conductas de compras volverán a privilegiar a los pequeños comercios de proximidad, no en forma exclusiva, como antes, pero si con mayor frecuencia; la necesaria, para la subsistencia cómoda y rentable, junto con la de los grandes comercios.

La modernidad no es privativa de los grandes. Los comercios chicos y las Pymes de productos y servicios pueden ser tan o más modernos y eficaces que los grandes. Es una cuestión de decisión y acción.

1.9- Nuevos desafíos para las empresas Pymes

La descripción anterior sobre el mercado argentino nos marca los siguientes problemas, cuya solución constituyen en gran desafío, que los negocios minoristas deben encarar en este nuevo milenio, para subsistir, crecer y ser más competitivos y rentables:

1. De un mercado, donde instalado el comercio, los clientes venían, compraban, volvían y dejaban interesantes utilidades, a un mercado donde los clientes compran cada vez menos, se nos van – para no volver – y las ventas no alcanzan para cubrir los crecientes costos de operación.
2. La competencia siempre existió, pero no en la cantidad y con la fortaleza y magnitud de recursos, como las que se enfrentan en la actualidad.
3. Los precios del mercado bajan y los márgenes no permiten obtener utilidades.
4. El poder adquisitivo de la población es menor y obliga a reducir compras.
5. La diversificación de marcas y productos obliga a tener mayores stocks. Se hace más difícil evitar inmovilizaciones de existencias.
6. El costo del dinero es altísimo y el acceso al crédito dificultoso.
7. Falta capital de trabajo para actualizar el comercio y realizar mantenimiento e innovaciones en su infraestructura.
8. Los clientes son cada vez más exigentes y demandan más prestaciones de servicios.

Cada una de estas acotaciones, y todas en su conjunto, constituyen desafíos que deben ser resueltos con imaginación, planes y actividades suficientemente efectivas como para resolverlos.

Utilizando una metáfora, podemos decir que antes el comercio era una competencia que se desarrollaba en una pista llana, ahora el camino está lleno de vallas y obstáculos. Por lo tanto el comerciante ya no puede ser como "un atleta que corre en el llano", sino, por el contrario, "uno que debe estar preparado y entrenado para correr salvando las vallas".

No se trata de esperar sucesos, sino como ya indicamos en otra oportunidad, de encontrar procesos que realmente sirvan para encaminar el negocio hacia resultados más positivos, para crecer y ser rentables.

Con este fin podemos señalar que tipos de respuestas deben dar las Pymes y en particular el comercio minorista para encarar los desafíos del nuevo milenio:

1. Asegurar el mercado y evitar la pérdida de clientes.
2. Ampliar el mercado, ya sea mediante mayor cobertura o mejor participación.
3. No esperar a los clientes; ir a su búsqueda. Atraerlos para que vengan al comercio.
4. Comercializar productos y servicios diferenciados, de calidad y adecuados a las expectativas, preferencias y poder adquisitivo de los clientes reales y potenciales.
5. Brindar más servicios y satisfacciones a los clientes, "mimarlos" y si es posible "sorprenderlos", para que vuelvan.
6. Mejorar sistemas de compras, y exhibición; decoración y ambientación del negocio.
7. Utilizar técnicas de merchandising y atención más sofisticadas.
8. Emplear técnicas de negociación con proveedores.
9. Aumentar la calidad de procesos de ventas y asesoramiento a clientes.
10. Innovar periódicamente la disposición, ambientación y decoración del negocio.
11. Cuidar las comunicaciones internas y las externas. Perfeccionar la cartelización.
12. Evitar inmovilizaciones de inventarios. Acelerar la rotación de mercaderías.
13. Hacer co-marketing (marketing asociado con los proveedores).
14. Realizar alianzas estratégicas con los proveedores para actividades de promoción.
15. Diseñar campañas para fidelizar clientes.

16. Estudiar la implantación de sistemas de telemarketing.

17. Comenzar a planificar y aplicar sistemas de ventas on line – e-commerce.

18. Mayor aprendizaje para conocer y emplear tecnologías de conducción de negocios, marketing y ventas.

19. Hacer marketing interno y crear cultura compartida con los socios y el personal.

20. Realizar encuestas a los clientes y efectuar estudios de mercados adaptados a las condiciones del negocio.

21. Crear una base de datos para captar señales y utilizarlas en la elaboración de estrategias y políticas comerciales.

22. Hacer benchmarking, vale decir estudiar lo que hacen y cómo lo hacen lo mejores, en distintos aspectos del negocio, para aprender de las eficientes prácticas; no copiando, sino... ¡adaptando y si es posible mejorándolas!

23. Realizar alianzas estratégicas con proveedores, y con negocios del mismo ramo para: asesoramiento, compras, promociones conjuntas, publicidad, cartelización, ventas, y desarrollo de nuevos canales de ventas.

24. Analizar posibilidades de uniones, fusiones, adquisiciones y/o ventas del negocio.

25. Incorporar tecnologías comerciales y de sistemas.

26. Aseguramiento y crecimiento de la liquidez financiera.

27. Aumentar la rentabilidad.

28. Mejorar la cultura personal y colectiva para gestión y creación de valor.

29. Construir una imagen de identidad (marca o emblema) de su negocio.

30. Controlar el liderazgo en áreas de proximidad.

Ejercicio de interactividad

La formulación de estrategias comienza por el planteo de preguntas. Si las preguntas son relevantes, sus respuestas contribuirán a encontrar los caminos a seguir para cumplir con los objetivos y metas más eficaces y rentables. Con este propósito, para facilitar las soluciones y propuestas que exigen los desafíos, antes indicados en este tema, le sugerimos pensar y contestar lo siguiente:

¿Pensó usted cuánto vale un cliente para su negocio y qué utilidad anual de proporciona cada uno de ellos?

¿Reflexionó sobre la evolución de su cartera de clientes: disminuye, crece, cambia?

¿Quiénes son sus clientes, de dónde vienen, qué compran?

¿Cuáles serán sus clientes en el futuro mediato, qué buscarán comprar, y qué servicios esperan de su negocio?

¿Qué podemos hacer para mejorar la rentabilidad y la liquidez del negocio?

¿Qué tecnologías y nuevos procesos, accesibles y rápidos de aplicar, podemos utilizar para mejorar la competitividad, frente a competidores más fuertes y con mayores recursos?

¿Quiénes podrán colaborar y ayudarnos para incorporar más tecnología e inteligencia para nuestro negocio?

¿Qué tipos de alianzas estratégicas se pueden analizar para concretar con proveedores, con otros comercios y con clientes importantes o corporativos?

1.10- Perfil del negocio Pyme para competir frente a nuevas realidades

El perfil de un negocio tiene relación con sus aptitudes y actitudes para poder actuar en el mercado. También se lo reconoce como "la postura estratégica" de un comercio. Para facilitar la comprensión de este tema podemos decir que si, en lugar de un comercio, estuviésemos hablando de un automóvil, el perfil deberá describir sus características constructivas: motor, potencia, comodidad, estilo, rendimiento, y demás elementos que hacen a su performance.

Por lo tanto el perfil de un negocio Pyme y del comercio minorista tiene por componentes un conjunto de atributos cuya existencia y comportamiento dependen de las intenciones y decisiones de sus máximos responsables.

Para hacer frente a las exigencias del mercado, los clientes y la competencia se deberán lograr un perfil de negocio que, como mínimo tenga estos elementos:

En cuanto a los activos físicos:

• Ubicación geográfica adecuada con relación a su naturaleza y objetivos comerciales.
• Local, instalaciones, ambientación, decoración, elementos de iluminación, higiene y pulcritud, acorde a las exigencias de los consumidores y a la disposición de la competencia, para no estar en desventaja con ella, sino por el contrario, tener superioridad, y, si es posible, notable diferenciación.
• Modernidad, estilo, innovación y personalidad para atraer a los clientes.

- Surtido de mercaderías o naturaleza de servicios adecuado en su mezcla y amplitud.
- Calidad de productos y servicios.
- Marcas acreditadas de mayor demanda y marcas propias para complementar posibilidades de compras.
- Sistemas administrativos y equipamiento computarizado acorde a los requerimientos del volumen de operaciones y tipo de clientela que se atiende.
- Lay-out, o diseño del local para facilitar la accesibilidad del público y las gestiones de compras, con comodidad, visibilidad y rapidez de atención.

En cuanto a la gestión del negocio:

- Interés y compromiso en facilitar el proceso de compras de los clientes.
- Amabilidad y cordialidad en el trato, para hacer sentir al cliente como un "huésped apreciado y querido", tanto por el comerciante como por todo su personal.
- Rapidez y concentración para el contacto y atención del cliente. Evitar esperas y demoras y si ellas se producen ocuparse por resolverlas a la brevedad.
- Asesorar al cliente para que pueda tomar decisiones de compras adecuadas a sus necesidades.
- Escuchar al cliente, preguntar y volver a preguntar, para identificar sus reales necesidades. No decirle al cliente lo que necesita sin saber previamente cuáles son sus deseos y expectativas
- Realizar ventas cruzadas – relacionadas - que complementen los requerimientos del cliente
- Estudiar la cartera de clientes, su evolución, frecuencias de compras y mezcla de productos y servicios comprados.
- Entender cuáles son las razones de no compras y actuar para diluirlas.
- Usar la base de datos para comunicarse con el cliente, ya sea personalmente, o a través de mailings, tele marketing o e-mail.
- Usar los medios electrónicos accesibles para contacto y promociones.
- Comenzar a analizar la viabilidad y ventajas del e-commerce, para emplearlo en el momento adecuado.
- Mejorar la relación con los proveedores para negociaciones y acuerdos de recíproco interés.
- Aplicar estrategias y técnicas eficientes de merchandising, promoción de ven-

tas y publicidad exclusiva, asociada o compartida.

- Actualizar y mejorar la cartelización interna y exterior.
- Ampliar las comodidades y servicios, dentro del local para que los clientes se sientan cómodos y distendidos.
- Interesarse por participar en programas de relaciones públicas con la comunidad.
- Atender los requerimientos y reclamos de los clientes con interés, diligencia y rapidez.
- Solucionar problemas de los clientes, con relación a sus compras.
- Hacer seguimientos sobre grado de cumplimiento de entregas, plazos, y demás condiciones de ventas.
- Prestar servicios de pos-ventas, según la naturaleza del negocio.
- No olvidarse de los clientes, especialmente en fechas y circunstancias especiales.
- Crear acontecimientos para invitar a volver a los clientes al negocio (aniversarios, presentaciones, fechas clave, etc.).
- Hacer estudios y extraer conclusiones sobre evolución del negocio, por categorías de productos y servicios.
- Detectar los centros de oportunidades para reducir costos y aumentar utilidades.
- Interesarse, junto con el personal, por incorporar constantemente mejoras, como actividad continua para incrementar el valor otorgado por el comercio al cliente.
- Participar activamente, para aprender y superar prácticas, en ferias del sector, congresos, reuniones en cámaras empresarias y ejercitar un continuo "benchmarking", tanto en el mercado local, como en otros mercados regionales o del exterior.
- Construir una imagen sólida y creciente de empresa, marca y posicionamiento comercial, con identidad diferenciada y de excelencia, superior a cualquier competencia.

En cuanto a la aplicación de principios de ética en los negocios

- Ser transparente, serio, responsable y asumir un compromiso de solución, beneficio, ventaja y satisfacción para el cliente, a través de todas las transacciones comerciales.
- Usar la ética y el cumplimiento de lo pactado con el cliente como una ventaja competitiva.

- Recordar siempre que el engaño, o la mala intención en el negocio es siempre un perjuicio. cuyo costo no tiene precio. Es preferible perder una operación que perder un cliente.
- Mantener una cultura ética y responsable con clientes, proveedores, empleados, comunidad y entes públicos.
- Ajustarse al estricto cumplimiento de leyes, reglamentaciones y normas oficiales en vigencia.
- Tener un compromiso con el respeto y la conservación de la naturaleza y el medio ambiente.
- Ser solidario y estar atento a contribuir, en la medida de lo posible con causas de bien común, ya sea en forma material o con apoyo ideológico y de actividades personales.

Ejercicio de interactividad

De acuerdo a los conceptos detallados con relación al perfil del negocio minorista, para competir frente a las nuevas realidades del mercado, reflexione, extraiga ideas y conteste a las siguientes preguntas que lo ayudarán en su tarea de lograr un mejor perfil para su comercio, en beneficio de su crecimiento y rentabilidad futura.

¿Cuáles son a su criterio los aspectos más positivos de su perfil comercial?
¿Cuáles son los elementos más débiles?
¿Para un futuro e inmediato plan de mejoras, cuáles serían las prioridades y decisiones que adoptaría para enriquecer el perfil de su negocio?
¿Cuáles estima que serían las inversiones necesarias y cuáles sus rendimientos en beneficios cualitativos y económicos?
¿Cómo piensa que reaccionarán sus clientes si aplica este programa de perfeccionamiento de su perfil de empresa comercial?

1.11- La importancia de un cliente satisfecho y rentable

Ideas fuerza
- Los clientes constituyen el activo estratégico más importante de todo negocio.
- Los clientes "no existen", para que lleguen a un comercio hay que "crearlos".
- Los clientes no son, por naturaleza, fieles a un comercio; buscan nuevas ven-

tajas en otros, y su curiosidad los incita al encuentro de nuevas opciones, donde comprar.

- Lo importante no es que un cliente compre, sino que vuelva a comprar.
- Fidelizar clientes es una tarea tan importante como comprar, vender y cobrar.
- Los clientes ya no tienen razón. Es mucho más: "son la razón" de la existencia y bienestar de un comercio.
- Atraer clientes, contactarlos, atenderlos, satisfacerlos, deleitarlos y si es posible sorprenderlos, constituye las estrategias más eficaces y rentables de todo comercio minorista.
- La voz del cliente es la que debe escucharse y atenderse con mayor atención, dentro de todo comercio.
- Conquistar clientes es la acción de convertir compradores de la competencia, o no compradores, en clientes nuevos de la Pyme.

Los clientes son el negocio. ¿Qué valor tiene un negocio sin clientes?

Hasta no hace mucho tiempo, el negocio se integraba con sus activos físicos, mercaderías, capital de trabajo y recursos humanos; con conocimientos, trabajo y dedicación., especialmente de sus dueños o gerentes responsables de conducirlo. Los clientes concurrían a los locales de ventas, compraban y volvían a comprar. El beneficio se obtenía por la política de compras, y por las diferencias entre lo que representaba el costo y los precios de venta. La inflación, generalmente contribuía a incrementar las utilidades, si se compraba más de lo que se vendía.

Las cobranzas no eran de mayor problema; y el crecimiento de las operaciones era una constante que se producía con el sólo transcurrir del tiempo. Más años de existencia, más ganancias y capital acumulado. ¡Qué tiempos! ...¿no?

Hoy, el negocio consiste en crear mantener y conquistar clientes. Sin ellos no hay utilidades, ni razón de existir. De nada valen los activos físicos y las aptitudes y experiencias de los que conducen, si los compradores no vienen o se dirigen a otros comercios. Lamentablemente, los clientes dejaron de ser un elemento facilitado por la naturaleza. Son como una especie en extinción. Afortunadamente, el marketing y el retail marketing, han desarrollado la mecánica para transformar este recurso en desaparición, en un recurso renovable, en la medida en que la empresa lo sepa "construir", mediante una acción, específicamente destinada a "crearlos y sustentarlos".

Para crear y mantener clientes, no basta con abrir un comercio, se requiere, además, desarrollar una actividad que abarca dimensiones y tiempos sucesivos.

a) Antes de la venta.
b) Durante el contacto y la gestión de ventas.
c) Con posterioridad a la venta.

Tener visión, motivación y procedimientos para crear y mantener clientes, es un proceso técnico, de cuyas modalidades y reglas se ocupa este módulo, en el que usted encontrará los elementos necesarios para incorporarlo a su actividad, para un desempeño más eficiente y rentable, en materia de lograr una cartera activa de clientes satisfechos como base para su subsistencia y crecimiento en el mercado.

Definiciones y términos usuales

Cliente: Consumidor potencial, con necesidades, deseos y expectativas, latentes o manifiestas, de adquirir bienes y servicios, para cubrir carencias que lo "completen".

Satisfacción: Sentimiento que expresa la relación entre lo que se espera y lo que se obtiene.

Creación de clientes: Actividad para transformar un consumidor potencial en un comprador convencido de las ventajas de comprar en un comercio elegido, en lugar de otras opciones alternativas.

Mantenimiento de clientes: Estrategias y gestiones para lograr que un cliente creado, vuelva a comprar en forma reiterada, pese a las tentaciones provocadas por los competidores.

Conquistar clientes: Es la acción de convertir compradores de la competencia, o no compradores, en clientes nuevos de la Pyme.

Deleitar y sorprender: Acción de dar al cliente productos, servicios y atenciones que lo hagan sentir "querido", "mimado" y respetado por la empresa.

Compromiso con el cliente: Visión y disposición, personal y colectiva, del personal del comercio, para brindar soluciones, beneficios, ventajas y satisfacciones.

Responsabilidad: Actitud de cumplir, de la mejor forma y con la mayor calidad, con las expectativas y deseos de los compradores.

Calidad: Todo lo que el comercio puede y debe hacer para satisfacer al cliente.

Excelencia: Gestión de nivel superior y calidad total, para dar al cliente lo que espera y merece.

Valor de un cliente: Oportunidad de negocios que puede generar un cliente en un tiempo razonable. Se mide, en compras totales que puede realizar en un año, o más tiempo, según la naturaleza del comercio.

Cartera de clientes: Conjunto de compradores, a quienes se identifica, reconoce y comprende. Compradores que, luego de un proceso de selección, deciden transformar a un comercio en su proveedor habitual.

Preguntas o dudas que pueden surgir del capítulo

¿Puede un negocio mediano y pequeño crear mantener y conquistar clientes?

El cliente busca soluciones, beneficios, ventajas y satisfacciones. No pretende para ello, ni tiene prejuicios, que el comercio que se lo brinde sea grande, mediano o pequeño. Sí, exige que el negocio "esté grande". Vale decir, le ofrezca lo que él busca para cubrir sus expectativas. Más aun, cuanto más personal sea mejor disposición para elegirlo, y en esto tiene ventajas un negocio chico, sobre uno impersonal, masivo y grande.

¿Es muy costoso y complejo crear y mantener clientes?

No, es una actividad menos costosa que comprar, o vender; pero tampoco es regalada o gratuita. Hay que dedicarle tiempo, inversiones e inteligencia aplicada. Su retorno, en utilidades es lo más importante y eficaz para el crecimiento del comercio.

¿Cómo hacer para crear y mantener clientes?

Simplemente, acercarse a ellos, demostrarle interés en escucharlos y poner en evidencia una aptitud y una actitud para darles lo que esperan y necesitan para sus satisfacciones. Ser mejores en algo, con relación a la competencia.

¿Cómo juega el precio y las condiciones de venta en la creación y mantenimiento de clientes?

Tiene un papel importante. El precio debe ser razonable, no necesariamente más bajo. Lo que importa es el valor percibido por el cliente en lo relacionado con satisfacciones, beneficios, soluciones y ventajas. El valor siempre compra al precio, no a la inversa.

Hicimos cosas y gastamos dinero para crear y mantener clientes, pero no tuvimos resultados. ¿Debemos aun así insistir, o no vale la pena?

No es cuestión de hacer y gastar, hay que tener un plan y una estrategia adecuada y eficaz, así como una constancia y continuidad, en el tiempo. Lo más probable es que su experiencia no haya sido exitosa por defectos en estas áreas. Hay que replantear los procesos, darles más eficiencia y seguir. No se puede abandonar esta práctica imprescindible para el negocio.

1.12- ¿Qué es un cliente?

Muchos piensan que la palabra cliente significa lo mismo que consumidor ó comprador. Sin embargo, no siempre es así. Y no se trata de una cuestión gramatical o semántica, sino de un concepto, que para los negocios es de vital importancia.

Los consumidores son todas aquellas personas, que dentro del radio de influencia de un comercio, tienen necesidades, deseos y poder adquisitivo para realizar operaciones de compras. Son, por lo tanto, clientes potenciales. Hay que transformarlos en clientes reales y activos. Son la base en la pirámide de los negocios. Los más numerosos. Constituyen el presente y el futuro del comercio.

Los compradores son aquellas personas que, por distintas circunstancias, se acercan a nuestro negocio y adquieren productos. Muchas veces por única vez. En ciertos casos los compradores realizan adquisiciones para ellos y, en otras, para personas de su relación: familiares, empresa, etc.

Los clientes son compradores y consumidores, que después de evaluar los beneficios, soluciones, ventajas y satisfacciones que obtuvieron de un comercio, vuelven a elegirlo para realizar sus compras.

Vale decir, en otros términos:
Los consumidores son muy numerosos, hay que cuantificarlos e identificarlos. Tienen existencia en el mercado. Pueden o no estar relacionados con nosotros.
Los compradores son aquellos consumidores que compran, en una o varias oportunidades. Han tenido alguna relación comercial con nuestro negocio, ya sea para resolver sus propias necesidades o la de terceros con ellos vinculados.

En cambio, los clientes son "aquella especie elaborada" de compradores que, por el buen trabajo comercial de un negocio, deciden volver a comprar. Son personas o empresas que después de un proceso de valoración comparativa eligen a ciertos proveedores, entre muchos otros.

Los consumidores y compradores existen. Los clientes deben ser "producidos" por el comercio para lograr su preferencia y lealtad.

El retail-marketing (comercialización minorista) y las eficientes prácticas comerciales de un negocio deben tener por objetivo básico crear y mantener carteras de clientes satisfechas para lograr subsistencia, crecimiento y rentabilidad, sostenida en el tiempo.

Muchos negocios que fracasan, reconocen falencias y problemas que les impiden mantenerse en el mercado, pero de todos ellos el más importante es el que se relaciona con la ineficacia para crear y mantener clientes. Esto no es la consecuencia, sino la causa del éxito o fracaso de un negocio. Primero está la estrategia y la gestión para crear y mantener a los clientes, luego vienen – si se actúa con eficiencia – los resultados.

A medida que la competencia avanza, el cliente tiene más información, conocimiento y opciones, por lo tanto se sofistica más y se hace más exigente. Si la empresa no presta atención a esta circunstancia y sólo hace "más de lo mismo" y no se

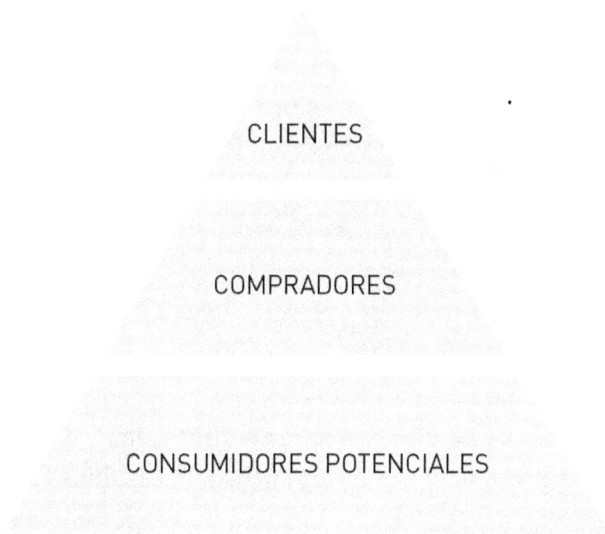

CLIENTES

COMPRADORES

CONSUMIDORES POTENCIALES

ocupa de evitar que los clientes emigren en busca de mejores lugares donde encontrar más satisfacciones, se queda sin fuentes para generar operaciones y utilidades.

1.13- ¿Cuánto vale un cliente? Métodos para determinar el valor.

Probablemente usted conozca a sus clientes. Sabe su nombre, dirección, actividad, crédito asignado, estado de cuentas corrientes y demás atributos que caracterizan su relación comercial. Pero ¿se ha preguntado alguna vez cuánto vale cada uno de ellos? No es difícil hacerlo. Si tomamos un cliente en particular podemos calcular su volumen de compras mensuales o estacionales y proyectarlas a un período de un año. Por ejemplo, un cliente compra por mes, todos los meses $ 100.- su volumen estimado de compras anuales será de $ 1.200.-

Consideramos a los fines de su valuación que, en condiciones normales, este cliente puede seguir comprando en los próximos tres, cinco o diez años. Tomemos por caso mínimo que comprará durante los siguientes tres años. Por lo tanto sus compras en ese lapso serán de $ 1.200 x 3 años = $ 3.600.-, si el cliente está plenamente satisfecho es probable que induzca a comprar, por referencias y contactos a otros 5 clientes adicionales, en ese lapso (pueden ser más o menos, pero las estadísticas indican que esta cifra es razonable, a los fines del cálculo a realizar).

Multiplicamos ahora el valor que en montos de compra representa un cliente ($ 3.600) y lo multiplicamos por la cantidad de clientes adicionales que aportará como referidos: $ 3.600 x 5 referidos = $ 18.000.-

Ese es el valor de este cliente, por su potencial de compras. Es un valor teórico potencial, pero refleja el significado que uno de sus clientes tiene para el desarrollo de negocios, en este caso en un lapso de tres años. Si multiplicamos por cinco años el valor asciende a $ 1.200 x 5 años x 5 referidos = $ 30.000.- y si lo proyectamos a 10 años su valor es de $ 1.200 x 10 años x 5 referidos $ 60.000.-

El conocimiento del valor de un cliente sirve para que entendamos que cada cliente es como "una mina de metales preciosos", debemos resguardarla, cuidarla, y explotarla, para obtener utilidades. A veces tenemos que hacer inversiones de mantenimiento, o para estimular mayores rendimientos; pero siempre son necesarias y convenientes para los resultados finales.

¡Otra consideración! : Si un cliente, según el criterio de medición adoptado, vale $ 18.000 ó $ 30.000; ó $ 60.000.- ¿vale la pena que anualmente destinemos $ 50 ó $ 100 para conservarlo, estimularlo y seguir obteniendo utilidades?

Sin embargo, erróneamente, muchas veces se cree que no vale la pena hacer esta inversión, y en lugar de ahorrar se descuida "la gallina de los huevos de oro". El verdadero negocio es crear y mantener clientes, porque son la única y genuina fuente de resultados y buena salud para el comercio.

En otros casos se alega que no se dispone del dinero para invertir en los clientes. Si esto fuese real es necesario encontrar fuentes de financiamiento: créditos a tasas razonables, liquidez generada por la diferencia entre plazos de compra y venta, acuerdos con proveedores para compartir acciones en beneficio recíproco, mayores aportes de socios o nuevos socios capitalistas para fortalecer el negocio.

Un método generalizado para calcular el valor promedio de una cartera de clientes consiste en dividir el monto de ventas anuales por la cantidad de clientes que la generaron y luego multiplicar esa cifra por la cantidad de años a proyectar y el número de referidos que ingresarán, según el ejemplo individual, antes explicado. Tomemos por caso el siguiente ejemplo:

Un comercio factura al año $ 250.000 y tiene 250 clientes. El valor promedio de compras anuales por cliente es de $ 1.000.- Multiplicamos ahora esta cifra por 3 años (pueden ser 5 ó 10 años, según el criterio del evaluador) y lo volvemos a multiplicar por la cifra mínima de cinco referidos que en el lapso indicado aportarán los clientes, si están satisfechos.

Llegamos así a la ecuación de: Valor promedio del cliente = $1.000 x 3 x 5 = $ 15.000.-

Como en este cálculo cada cliente tiene un valor de $ 15.000.- y la cartera es de 250 clientes.

El "activo estratégico" que representa la cartera de este negocio es de $ 3.750.000, en términos de ventas brutas, por un período de tres años.

Si consideramos, por ejemplo, que la utilidad bruta que genera cada venta es del 20%, el valor de la cartera en términos de utilidades brutas, antes de impuestos, será de $ 750.000.-

Estos cálculos, además de los usos para decisiones de estrategias y operaciones con los clientes, sirven para situaciones en las que se producen compras, ventas, y fusiones de empresas y comercios, ya que el valor de la cartera es parte de las operaciones que se realizan.

Haga ya el cálculo de cuánto vale su cartera de clientes. Clasifique los que tienen más valores y haga tres grupos: a) los de mayor valor que el promedio general b) los que están dentro del 20% por debajo del promedio y c) los restantes.

Con esta información prepare actividades de activación, incentivos y mantenimiento para cada uno de esos segmentos de la clientela de su comercio. Será un trabajo y una inversión de alto retorno y enorme satisfacción tanto para los clientes como para su negocio. Le dará además altas barreras de sustitución y mayor competitividad en el mercado.

Ejercicio de interactividad

Después de haber leído y analizado los contenidos de este tema, le proponemos para su aplicación en la problemática de sus negocios, contestar a las siguientes preguntas, en base a datos reales de su cartera de clientes:

¿Cuál es su cartera de clientes, en cantidad de personas, compradores, o firmas registradas en sus libros y anotaciones?
¿De ellos, está usted en condiciones de separar los que compran habitualmente?
¿Puede indicar con qué frecuencia lo hacen, y qué productos o servicios adquieren?

¿De los clientes registrados en su cartera, puede usted identificar los que hace más de tres meses que no compran?

¿Cuáles son los clientes que por su inactividad, pueden considerarse como perdidos?
¿Pensó en realizar un programa para reactivar clientes que no compran desde hace tres meses?

¿Pensó en realizar un programa para recuperar clientes que pueden considerarse perdidos?

¿Analizó quienes son los compradores que habitualmente vienen a su negocio, y para quién o quiénes compran? ¿Pensó, además, en la posibilidad de atraer a clientes que hoy son consumidores potenciales, para transformarlos en compradores y clientes?

¿Cuánto vale su cartera de clientes? ¿Quiénes son los clientes de mayor y menor valor? ¿Qué programas se pueden elaborar para estimular y retener a ambos grupos de clientes?

1.14- ¿Qué es un cliente satisfecho? Técnicas para lograrlo.

La satisfacción tiene relación con el grado de cumplimiento de las expectativas del cliente.

Las expectativas son formas de pensar cómo se pueden cubrir carencias y necesidades para lograr soluciones, beneficios y ventajas, que deleiten al comprador.

Las expectativas tienen relaciones con factores materiales y con factores inmateriales, subjetivos o vinculados con los sentimientos de las personas.

En lo referente a las expectativas materiales podemos indicar a título de ejemplo:
*   Las inherentes a la calidad del producto o servicio
*   Todo lo atinente al precio y financiamiento
*   La accesibilidad para obtener y usar el producto o servicio
*   Los tiempos de atención y entrega, así como su logística
*   La rapidez en la resolución de problemas de reclamos, garantías, etc.

En lo correspondiente a expectativas inmateriales o subjetivas:
*   Ser tratado como persona, antes que como comprador o cliente.
*   Verificar que existe por parte del proveedor una seriedad, responsabilidad, profesionalidad y compromiso con el cliente.
*   Cordialidad y buen trato, "ser socios" y "amigos", para el proceso de compras.

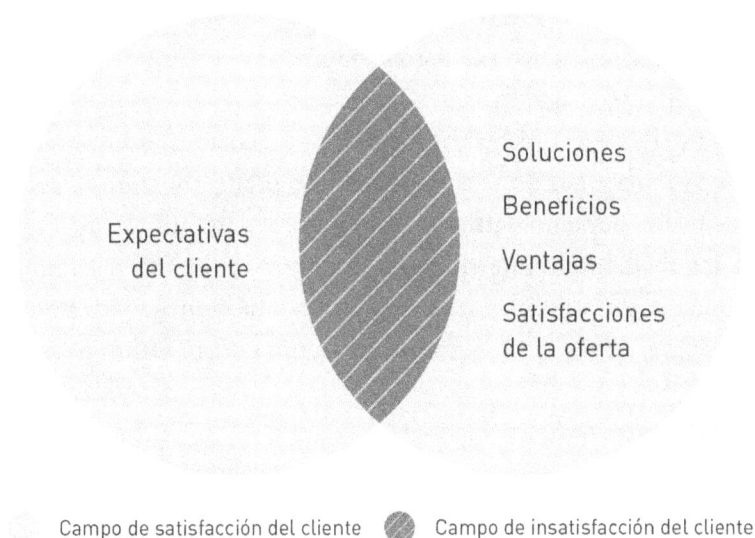

Expectativas del cliente

Soluciones

Beneficios

Ventajas

Satisfacciones de la oferta

Campo de satisfacción del cliente   Campo de insatisfacción del cliente

- Comodidad y sensación de bienestar en el local de ventas.
- Imagen del punto de ventas, del comercio, del personal de atención, de los productos en ventas, de las marcas y de los clientes que concurren.
- Buena reputación y antecedentes del comercio y sus responsables.
- Pulcritud, higiene, buen gusto y ambiente con vida y atractivo.
- Confianza y vinculación basada en la honestidad y credibilidad.
- Estabilidad y continuidad en las buenas relaciones y resultados de compras.
- Innovación, creatividad, actualización y mejora permanente.
- Atenciones renovadas, y sorpresas por la generación de ofrecimientos nuevos y de mayor valor para el comprador.
- Crecer juntos, el comprador como persona y el negocio, como empresa.
- Protección al cliente, en su persona y en su economía.
- No sentirse defraudado.

El cliente más que bienes y servicios, compra satisfactores que den respuestas amplias a sus ideas y "fantasías" de bienestar y agrado. El comercio, debe prestar tanta atención a la cobertura de estos aspectos del negocio, como a los tradicionales referidos a productos y precios.

Un cliente satisfecho es como una máquina que funciona y produce.

Un cliente insatisfecho es como un árbol muerto no produce frutos.

Un cliente satisfecho vuelve a comprar, compra más productos y además recomienda a familiares, amigos y personas de su relación, tanto al comercio como a los productos que le dieron satisfacciones. Algunas estadísticas indican que un cliente satisfecho, en un plazo mediato produce, por lo menos 10 nuevos clientes para el comercio que le satisfizo.

En cambio, un cliente insatisfecho provoca en un corto plazo que, como mínimo, otras 15 ó 20 personas no se acerquen al comercio que no supo conformarlo Como conclusión podemos afirmar que el verdadero fin de un comercio es atraer clientes mediante una estrategia de ofertas de bienes y servicios, en un clima de atención y comodidad para generar satisfacciones y deleites.

Si esto no se logra, no hay resultados para el comprador, ni futuro para el negocio.

Ejercicio de interactividad

¿Considera usted que los clientes de su comercio están todos satisfechos?

¿Cómo compara las satisfacciones de sus clientes, con las que ofrecen otros competidores o negocios directa o indirectamente alternativos?

¿Mide usted a través de encuestas, indagatorias y contactos directos el grado de satisfacción de sus clientes?
Prepare un programa donde fije 5 objetivos de corto plazo, para mejorar el grado de satisfacciones de sus clientes,... y, póngalo en práctica de inmediato. Analice luego sus resultados y vuelva a hacerlo en forma continuada. Se sorprenderá por sus resultados, en ventas y utilidades.

1.15- Auto-evaluación

¡Lo felicitamos! ... Usted ha llegado al final de la primera unidad de este libro de Dirección y Gestión de Marketing y Ventas para Pymes. La aplicación de los conocimientos adquiridos le será de utilidad para mejorar las gestiones y resultados de sus negocios.
Con tal propósito lo invitamos a realizar la siguiente auto-evaluación, útil para fijar conceptos y aumentar su fortaleza de conocimientos y competitividad.
Cada una de las siguientes preguntas tiene tres respuestas optativas, de las cuales hay que elegir una, que es la correcta. Analícelas, reflexione y marque la que a su criterio corresponde. En página 47 y 48 encontrará las respuestas correctas, para compararlas con las que usted eligió

1. El proceso de cambio genera en los negocios minoristas :
    a) Ceder posiciones a favor de los grandes comercios.   ○
    b) Esperar protección de autoridades públicas y de proveedores.   ○
    c) Adaptarse e innovar para ser más competitivos.   ○

2. La competitividad consiste en:
    a) Tener mayor capital.   ○
    b) Tener conocimientos para competir.   ○
    c) Ignorar y evitar la competencia.   ○

3. Las señales del escenario sirven para:
    a) Adaptarse al cambio y tomar decisiones.   ○

b) Tener información de lo que pasará en el futuro. ○

c) Identificar lo que le pasa a otros. ○

La profesionalidad en la conducción del comercio minorista consiste en:

a) Tener títulos profesionales para conducir negocios. ○

b) Incorporar conocimientos y técnicas para
el manejo de los negocios. ○

c) Contratar a personal y consultores especializados. ○

5. Un comercio puede ser estático o flexible. ¿Qué parámetros determinan estas características?

a) Adaptarse al cambio, introducir innovaciones y ser más creativos. ○

b) Aferrarse a la experiencia y los éxitos pasados. ○

c) Esperar los acontecimientos para tomar decisiones. ○

6. La vulnerabilidad del comercio minorista tradicional radica en:

a) La globalización ○

b) La falta de visión para adaptarse al cambio. ○

c) La mayor fortaleza de los negocios en cadena. ○

7. El perfil del negocio minorista competitivo requiere actitudes y aptitudes, entre las cuales citamos las que detallamos, a continuación; marque las que son importantes:

a) Local de ventas, ambientación, instalaciones. ○

b) Calidad y surtido de productos y servicios. ○

c) Compromiso con los clientes para facilitar sus mejores compras. ○

d) Entender razones de compra y no compra de los clientes. ○

e) Publicidad en radio y televisión. ○

f) Estacionamiento propio para automóviles. ○

8. Crear y mantener clientes es el objetivo estratégico más importante del negocio minorista. Cuál de estas tres opciones es a su criterio la más efectiva:

a) La antigüedad y experiencia en el rubro. ○

b) Las acciones a realizar antes, durante y después
del contacto con el cliente. ○

c) Las promociones, descuentos y regalos. ◯

9. ¿Qué es el grado de satisfacción del cliente?
   a) La diferencia entre lo que él espera y lo que recibe del comercio. ◯
   b) El menor precio de plaza. ◯
   c) La mayor y más diversificada gama de productos para comprar. ◯

10. ¿Cuál es la forma más accesible y rápida de medir el grado de satisfacción del cliente?
   a) El monto de su compra. ◯
   b) Preguntar, escuchar y entender cómo el cliente
      valoriza su gestión. ◯
   c) Verificando si se queja o no se queja. ◯

11. En un programa de inversiones para incrementar ventas ¿cuál de estas opciones elige?
   a) Las que reduzcan la mayor cantidad de costos. ◯
   b) Bajar los precios al máximo para competir. ◯
   c) Las que incrementen la satisfacción del cliente. ◯

Respuestas correctas de la Auto-evaluación
Las siguientes son las respuestas correctas a las preguntas de páginas 45, 46 y 47. Compárelas con las que usted eligió para fortificar su proceso de comprensión.

Pregunta 1	Respuesta c
Pregunta 2	Respuesta b
Pregunta 3	Respuesta a
Pregunta 4	Respuesta b
Pregunta 5	Respuesta a
Pregunta 6	Respuesta b
Pregunta 7	Respuesta a, b, c, d
Pregunta 8	Respuesta b
Pregunta 9	Respuesta a
Pregunta 10	Respuesta b
Pregunta 11	Respuesta c

SEGUNDA PARTE
CLAVES ESTRATÉGICAS PARA EL ÉXITO

2.1- Claves estratégicas para el éxito de su negocio

Ideas fuerza

- El pensamiento aplicado a los negocios Pymes es una actividad de inteligencia y perspicacia personal, que debe ejercitarse y enriquecerse continuamente.
- Es tan importante para generar resultados como la misma actividad cotidiana. Por ello, requiere de guías y "mapas mentales", que ayuden a incorporar ideas y utilizar herramientas, para conducir y hacer accesibles objetivos y utilidades.
- La visión del negocio es el proceso a través del cual su responsable define qué hay que hacer para cristalizar objetivos y metas y transformarlas en resultados. Es como construir un blanco y luego elegirlo para disparar hacia él y acertar. La visión contribuye a "crear el futuro del comercio minorista". Se esclarecen las oportunidades y se identifican los riesgos y obstáculos a salvar.
- La misión es el enunciado de los caminos a recorrer para llegar a los objetivos planteados en la visión.
- Las actividades de un comercio emplean recursos materiales y humanos, tiempo y tecnologías, si ellas no son lo suficientemente eficientes para crear o aumentar riqueza (resultados), consumen y destruyen riquezas, vale decir producen pérdidas.
- La conducción de los negocios tiene que producir valores, o sea deben generar soluciones, beneficios, ventajas y satisfacciones de recíproco interés para el cliente y el comercio, por ello se considera que deben ser "gestiones de valor", sino destruyen valores.

El éxito de los negocios depende de dos grandes grupos de factores. El primero y más importante reúne los criterios y valores personales de los responsables para organizar, planificar y dotar al comercio de la competitividad que le permita ubicarse y mantenerse en el mercado. Vale decir consiste en pensar y desarrollar inteligencia para hacer los negocios. Se ocupa del "qué hacer" y busca eficacia.

El segundo grupo de factores tiene relación con los procesos y las actividades a realizar para producir soluciones, beneficios, ventajas y satisfacciones de recíproco interés para clientes y comerciantes. O sea procedimientos, tácticas y operaciones eficientes. Se ocupa del "cómo hacer" y busca la eficiencia.

2.2-Qué es visión y misión en los negocios Pymes

Ideas fuerza
- La visión es el espíritu del negocio. La misión las formas y el proceso a utilizar para concretar los fines delineados por su espíritu comercial.
- La visión y la misión, en un negocio minorista, tienen por finalidad organizar, dirigir y administrar el comercio hacia objetivos efectivos y controlables.
- La visión y la misión evitan desvíos y equívocos en el funcionamiento del negocio.
- Tanto la visión, como la misión ponen al negocio sobre buenos "rieles", que lo llevarán a los fines deseados, en el tiempo y con los beneficios esperados.
- Sin visión ni misión, el "tren" de los negocios – sin orientación, ni rieles – puede quedar fuera de vías, o en vías equivocadas, y entonces no marchar, chocar o llegar a cualquier parte, menos la deseada.
- La visión, como la misión es dinámica y deben actualizarse, dentro de períodos anuales – como mínimo – para adaptarse a las condiciones cambiantes del mercado, los clientes, la competencia, así como las expectativas actualizadas y renovadas de los dueños y responsables del negocio.

La visión en los negocios expresa "el futuro deseado" que sus responsables idealizan o "sueñan", en base a criterios y valores personales inspirados en posibilidades a concretar en futuros inmediatos o mediatos.

La visión es como una luz que ilumina el camino a recorrer en la vida del comercio. Expresa qué se desea lograr en términos de realizaciones y objetivos a lograr. Resultados, crecimientos, actividades y desempeños.

La visión se formula en base a valores personales, conocimientos, experiencias y fundamentalmente a auto-compromisos que los responsables de una actividad definen, para ajustarse a ellos para la conducción de sus negocios.

La visión traduce cómo queremos que sea un negocio y cómo debe evolucionar. Qué vender, qué clientes conquistar, que resultados obtener, cómo competir.

La visión constituye el "alma" o espíritu que anima al comercio, en relación con el tipo de soluciones que ofrecerá a sus clientes, así como a los beneficios, ventajas y satisfacciones que se proyectan para su ejecución posterior.

Así como el arquitecto expresa en un plano o proyecto, el diseño de la obra que desea construir, el responsable de una Pyme - a través de la visión – tiene que elaborar el proyecto de lo que será su negocio, en cada una de las etapas de su creación y ulterior evolución.

Pueden existir muchas formas de diseño o formulación de una visión. Es conveniente plantearse varias, para elegir entre ellas la más conveniente y accesible con relación a las posibilidades externas y los recursos internos del comercio.

¿Qué pasa si no existe visión?

Es como un barco que navega sin destino cierto, puede llegar a cualquier puerto, o bien hundirse en el océano.

La falta de visión impide una orientación correcta o precisa al negocio y lo expone a tomar caminos inadecuados para subsistir y crecer. Una visión equivocada lleva al negocio a un fracaso seguro.

Delineada la visión que se imagina y diseña para una actividad es preciso especificar en su misión, o mandato, cuáles son los objetivos a concretar en términos de productos a comercializar.

Lugares donde operar, clientes a satisfacer, inversiones a realizar, activos a utilizar, participación a tomar en el mercado zonal, posicionamiento, volúmenes de ventas. Crecimiento y evolución en el corto y largo plazo.

Tipos de relaciones con el personal, los clientes y la comunidad, así como la naturaleza de las ventajas competitivas a utilizar.

En la misión se manifiestan los criterios de calidad de servicios a brindar, y principios de ética a seguir en los negocios.

La misión es como el "estatuto", "código" o "regla de juego" a la que se ajustará el negocio en un determinado tiempo.

La misión es el marco dentro del cual se cristalizan las conductas y operaciones comerciales.

Definiciones y términos usuales

Pensamiento: Ideas, actividad de inteligencia aplicada a los negocios, para incorporar razonamiento y creatividad. Sin el pensamiento, los negocios se transforman en algo rutinario, instintivo y tienen mayor riesgo. Es como transitar por una avenida con los ojos cerrados.

Mapas mentales: Organización del pensamiento para que siga caminos coherentes. Hoja de ruta para ordenar secuencia de intenciones, estrategias y gestiones comerciales.

Inteligencia comercial: Capacidad de discernimiento para identificar oportunidades y amenazas externas, así como fortalezas y debilidades del negocio, para actuar en el mercado.

Visión: Perspectivas inspiradas en la información actualizada, el criterio técnico y los valores personales de quienes toman decisiones de negocios. La visión aplicada a la actividad comercial constituye lo que se denomina "el mapa del futuro" o también "los sueños en acción".

Misión: Documento donde se expresan en forma generalizada los grandes lineamientos a seguir en los negocios, a partir de la visión empresaria. Tiene por contenido las principales definiciones de intenciones, estrategias, objetivos, metas, inversiones, resultados y conductas a emplear. En términos de comparación, es la "constitución" ´o la "ley máxima" de la empresa; todo debe efectuarse dentro de sus límites, nada fuera de ellos.

Gestión de valor: Actividad que genera riqueza. Vale decir, produce resultados superiores, en términos de dinero o realizaciones económicas, a los insumos y gastos efectuados. Una gestión de valor tiene por contenidos criterios y actividades de calidad y como destino producir incrementos de utilidades y beneficios, materiales y de satisfacción, tanto para quién la realiza como para su destinatario.

Recursos materiales: Bienes con valor económico. Edificios, instalaciones, equipos, mercaderías, dinero, créditos, etc.

Recursos humanos: Cantidad y calidad de todas las personas utilizadas en la gestión del negocio, tanto en los niveles de conducción, como en los de operaciones.

Recursos técnicos: Procesos y procedimientos utilizados en las operaciones del negocio: organización, administración, producción, compras, ventas, marketing, logística de distribución, servicios al cliente, etc.

Eficiencia: Proceso, método, forma, "know-How", conocimiento, para realizar gestiones, en forma lógica y racional. Se ocupa del "cómo" actuar. La eficiencia es necesaria pero no suficiente. Se complementa con la eficacia.

Eficacia: Implica elegir con precisión y acierto técnico el objetivo a seguir. Se ocupa del "qué hacer". No puede existir eficacia, sin eficiencia y viceversa.

Preguntas o dudas que puedan surgir del capítulo

¿Qué valores y criterios puede emplear un negocio pequeño, o mediano, para establecer su visión, cuando la competencia es más fuerte y tiene recursos de tal magnitud que es imposible enfrentarlos?

La disposición y la voluntad de los responsables definen los criterios y valores del comercio mediano y pequeño.

A través de sus conocimientos, actitudes y aptitudes se facilitará la identificación de: objetivos, estrategias y actividades donde producir ventajas, que los más grandes, no pueden dar a sus clientes. Por ejemplo, proximidad, trato personalizado, especialización, menores costos, hecho a medida, respuestas rápidas para requerimientos específicos, etc. Se puede "estar grande" en los negocios, aun siendo chico y a la inversa, hay muchos grandes, que por sus gestiones y actitudes "están chicos" en la perspectiva del cliente.

¿Cómo lograr competitividad, si las estadísticas indican que la participación de los grandes comercios es cada vez más grande en el mercado de la mayor parte de productos y servicios?

Esta pregunta tiene mucho de relación con el viejo pensamiento de ¿Qué está primero: el huevo o la gallina? En efecto, ¿es la menor participación y la decadencia del negocio minorista, una consecuencia o una causa de su poder de competitividad? El comercio minorista tiene en nuestro mercado, como una de sus mayores desventajas, frente a las nuevas y fuertes empresas comerciales, la carencia de actualización para organizarse en forma tal de brindar mejores servicios y beneficios. Se ha quedado en ideas. No se ha adaptado a las exigencias modernas del cliente y especialmente se ha preocupado, pero no ocupado de encontrar maneras de actuar para enfrentar a su nueva competencia; que lo tomó débil y vulnerable en la adaptación a la tecnología del manejo del negocio minorista. En todo el mundo, donde existen empresas minoristas grandes y pequeñas, cada una ocupa un lugar de importancia, un rol exclusivo y aun las empresas grandes, como ocurre en nuestro medio, son propietarias de cadenas de negocios minoristas de pequeñas dimensiones, porque es la única forma de poder evitar su competencia.

Por lo tanto el problema, como dijimos en otras partes de nuestro programa, no está en la competencia, sino en la forma y en la inteligencia para competir, que es lo que se puede incorporar en el comercio minorista de pequeña y mediana envergadura, para subsistir y crecer. Este programa tiene precisamente este objetivo esencial.

2.3-Criterios y elementos para generar una visión positiva y rentable

Generalmente en momentos difíciles, los problemas del presente, no dejan ver las soluciones para el futuro, y los responsables de los negocios suelen adoptar una actitud negativa, que en lugar de orientarlos, los paraliza y lleva a la inacción, o aun peor, al abandono del frente de lucha, en plena batalla con la competencia. Luego buscan justificar sus malas experiencias en factores ajenos, olvidando la parte que les corresponde.

La visión, tal como la describimos al comienzo de este módulo, nos ayuda a pensar, identificar y soñar soluciones y caminos hacia el futuro, con una actitud positiva y creativa.

Justamente en circunstancias críticas una actitud positiva es el "arma más poderosa" para enfrentar el futuro.

Los comerciantes deben ser necesariamente "arquitectos de su futuro", e imaginar como actuar con éxito; soñar con los logros y transformar los sueños en acción. Una visión positiva siempre precede a los resultados, nunca es a la inversa.

La visión nos hace pensar en las soluciones para problemas reales tales como: clientes, ventas, proveedores, utilidades, competencia, etcétera.

El poder de las ideas contenidas en la visión provoca una imagen convincente del futuro que sirve para guiar las estrategias y acciones, a fin de superar obstáculos y generar mayor competitividad. Esta imagen positiva sirve para convertir los sueños en realidades.

Por ello, la visión positiva aplicada a los negocios, constituye el ingrediente clave; el primero y el más importante en toda la gestión para el manejo del comercio minorista.

Para generar una visión, el responsable de un negocio, debe liberar sus pensamientos, salir de las barreras que normalmente producen los problemas cotidianos y proyectarse hacia el futuro en búsqueda de edificar una situación venidera más propicia. No se trata de idealizar cualquier tipo de salidas, sino focalizar la imaginación para producir caminos optativos, que lleven a metas positivas y constructivas. No son "ilusiones" sino interpretaciones de lo que se desea para el futuro. Por ejemplo, ¿que puedo hacer para atraer a más clientes? ¿Cómo generar mayor volumen de ventas?, ¿cómo recuperar clientes perdidos? ¿Cómo lograr la cooperación de los proveedores, para ser más competitivo?

La visión es como un salto, frente a una barrera, pero un salto factible, alcanzable, aun con esfuerzo, tiempo y perspicacia. Creada la visión, sirve de sustento, apoyo y medio para alcanzar las metas ideadas.

Se trata de un ejercicio mental, inteligente, aplicado y de amplio alcance, no se ata al pasado, o al presente, sino que busca superarlo.

La visión, siempre debe ser positiva, como un tratamiento o una medicina, se usa para patologías o problemas de negocios, en este caso para orientar la forma de encararlo, a través del pensamiento creativo.

Si bien la visión corresponde al máximo conductor del negocio – dueño, socio, gerente ejecutivo – éste debe escuchar, consultar y explorar, tanto en su medio interno (personal del negocio) como en el externo: proveedores, consultores, competencia, etc. Debe tomar información actualizada de diversas fuentes tales como cámaras empresarias, revistas técnicas, cursos y seminarios de negocios, ferias exposiciones, y otras fuentes que lo alimenten de ideas y nuevas formas de encarar sus problemas y gestiones.

La visión debe ser coherente y convincente, vale decir armonizar la utilización de pasos para llegar a los fines propuestos y tener peso y sustento como para generar juicios de valor que identifiquen su viabilidad.

Debe, por otra parte, una vez producida, tener consenso y lograr apoyos de todos los componentes del negocio. Vale decir debe ser acordada y compartida, para tener fuerza en su ejecución ulterior. No puede ser que la visión sea sólo del conductor del comercio.

La visión debe redactarse en un documento, ser escrita con criterio amplio y detallado. Debe indicar el qué, el cómo, el cuándo, el quién, etc. Para hacerla creíble y accesible.

Muchas visiones son simples generalidades, tales como queremos crecer, dar más servicios, ser los mejores, competir con éxito, ganar más. Cómo título, valen estas expresiones, pero deben acompañarse de la forma, los procesos y guías para su concreción. Sino son sólo deseos, que no alientan para su aplicación positiva.

Y por último, la visión debe ser positiva, vale decir aportar soluciones y especialmente alentadora, para motivar nuevos esfuerzos y actividades para lograr resultados que superen el presente.

En estos momentos, el diagnóstico de la visión del comercio minorista de mediana y pequeña magnitud en nuestro medio, indica que es casi inexistente; o por el contrario negativa y desalentadora. Hay que cambiar este modelo de pensamiento, como paso inicial para luego aplicar medidas que resuelvan la crisis y vayan al encuentro de gestiones más convenientes y rentables.

En base a una visión positiva y alentadora, los sueños, las ideas, los procesos y las actividades podrán ser llevados a cambios trascendentes. Sin visión la puerta está cerrada para una recuperación necesitada y esperada por el negocio minorista.

Algunos ejemplos de visión aplicada al negocio minorista:

"Tenemos un mercado atractivo, con expectativas y deseos de buenos productos y Servicios, en la zona de proximidad de nuestro local. Nuestra participación es muy baja, menos del 5%, debemos en los próximos años alcanzar el 10%, de la clientela potencial, con lo cual nuestras ventas pueden crecer un 50%.".

"Debemos mejorar nuestra presentación y las comodidades del local para ser los más atractivos y estar a la vanguardia, dentro de los comercios del radio de influencia. Hoy somos uno más en el conjunto. En los próximos meses nos destacaremos por las vidrieras, la iluminación, los carteles y la higiene. Solicitaremos el apoyo de los proveedores y vamos a invertir, en base a nuestros ahorros y al crédito accesible".

"Podemos captar nuevos clientes, dentro de los hogares de gente joven, que son los que más consumen, adaptándonos a sus pretensiones y exigencias. Para ello iniciaremos una acción de promoción, contactos telefónicos, mailings. Y concursos con premios que compartiremos con nuestros proveedores".

"Estamos en condiciones de cambiar nuestra atención, mejorando nuestro contacto y vínculos con los clientes."

"Podemos y debemos mejorar los servicios de entrega, contratando empresas especializadas, o a personas que brinden distribución eficiente, rápida y de costos accesibles. Llamaremos a consulta y elegiremos a los más útiles para este fin".

"Conocemos las razones de compra: calidad y precio, pero no identificamos las razones por las que nuestros clientes no nos compran como antes y muchos se van. Nos proponemos conocer estos motivos para encararlos, mediante consultas directas, y resolverlos favorablemente. También pediremos ayuda a los especialistas de marketing de nuestros principales proveedores y haremos consulta en la cámara que nos agrupa".

"En los últimos años no cambiamos el surtido de productos en venta. Analizaremos cuáles son los de mayor atracción en la actualidad. Solicitaremos el apoyo de los proveedores, actuales y nuevos, para introducir variantes en el manejo de las compras. Estudiaremos que hacen nuestros mejores competidores, para adaptar sus estrategias y superarlas".

"Hasta hoy sólo pensamos en nosotros, ahora pensaremos en los clientes, y cómo hacen los otros negocios que crecen y son atractivos".

"Tenemos posibilidades de generar ventajas competitivas, porque nuestros costos son bajos y aun pueden mejorarse, nos falta incorporar formas más eficaces de administración y comercialización. Consultaremos con nuestro contador y buscaremos referencias en cursos y seminarios que se ofrecen en cámaras e institutos especializados.

"Nuestro negocio es tan importante que no podemos dejarlo abandonado en materia de ideas para innovaciones y modernizaciones, dedicaremos más tiempo a pensar en el qué hacer, más que en los problemas que tenemos.

"No podemos quedar aislados, en los próximos meses nos integraremos a cámaras activas que asesoran a sus socios; hablaremos con colegas no competitivos directos, para juntos encontrar soluciones comunes. Analizaremos la posibilidad de hacer estrategias para compras conjuntas, asesoramientos compartidos, promociones y demás actividades posibles de ser realizadas con menor costo y mayor impacto"

Ejercicio de interactividad para aplicarlo en el negocio

- Después de leer y reflexionar sobre los contenidos de este tema, lo convocamos a una tarea atractiva. Siéntese en un lugar tranquilo, aléjese de los problemas y gestiones del momento, y libere su visión de futuro. Sea positivo, creativo y convincente. Escriba, sin inhibiciones lo que piense. Luego revise, ajuste, amplíe, mejore y ponga en aplicación los emergentes de su visión. Siempre un primer ejercicio será excitante, pero no tenga miedo, es lo mejor que le puede ocurrir para un cambio trascendente. Ud. puede y debe hacerlo... ¡Hágalo ya, usted y su negocio se lo merecen!

- Luego elabore un programa tentativo de realizaciones para aplicar lo detallado en la visión. Numere el orden de realizaciones, paso por paso con indicación de tiempos tentativos y fije objetivos, cuantitativos y cualitativos, vale decir resultados en cantidades y volumen monetario, así como mejoras en servicios, procesos, actividades, conductas, alianzas, consultas, actitudes, etc.

- Si tiene socios, empleados y consultores, logre su consenso, consulte sus opiniones, si logra sugerencias positivas, incorpórelas a su visión, si lo desalientan, sea convincente y logre persuadirlos para crear una "visión compartida", logre su apoyo y dé mucha fuerza a su proyecto de futuro.

- ¿Se siente en condiciones y está motivado para hacerlo?,... si es así, ¡adelante! ... Tendrá éxito. Si no se anima aun, o tiene dudas; un consejo: relea este tema y después convénzase, ¡es para su conveniencia!

2.4- ¿Podemos pensar y concretar un negocio exitoso?

En el transcurso de nuestro libro hemos podido apreciar que la esencia del negocio consiste en generar valores, a través de gestiones y servicios, para que el cliente se sienta satisfecho, compre y vuelva a comprar en nuestro comercio.

Se ha indicado que sólo mediante ofrecimientos de productos y servicios que brinden soluciones, beneficios, ventajas y satisfacciones se pueden crear y mantener clientes rentables.

Para conseguir estos objetivos, y en base a los contenidos de una visión del negocio, se deben pensar ahora, en términos de misión o grandes lineamientos a seguir en el mercado los siguientes temas centrales:

¿En qué negocio estamos, o podemos estar?

¿A qué clientes nos vamos a dirigir?

¿Qué productos vamos a ofrecer?

¿Qué posicionamiento debemos lograr?

¿Cuáles serán nuestras ventajas competitivas?

¿Qué inversiones realizaremos?

¿Qué participación deseamos tener en el mercado?

¿Cuáles son nuestros objetivos de rentabilidad, en el corto y mediano plazo?

¿Cuál será nuestra política de compras?

¿Qué alianzas estratégicas debemos realizar?

¿Cuáles serán nuestras estrategias, políticas y procesos para crear y mantener clientes?

Las respuestas a estas preguntas darán contenidos a la misión del negocio y con ello se establecerán los cimientos para una gestión orientada hacia un futuro esperado, dentro de las expectativas y restricciones que fijan los recursos de la empresa y los factores externos del mercado.

La identificación del negocio en que estamos se debe hacer no sólo en términos de su característica genérica. Por ejemplo estamos en el negocio de librería o de productos alimenticios, de indumentaria, etc.

Se deben tener en cuenta más las preferencias de los clientes atendidos o a atender, que las características de los productos que se comercializan.

Así ocurre que en una librería, los clientes pueden encontrar, además de lo tradicional, libros de contabilidad para comercios, papel, tinta y otros accesorios para sus computadoras. Servicios de fotocopiado, impresión de tarjetas, etc.

En un restaurante se pueden ofrecer, complementariamente, servicios de comidas empresariales, fiestas, casamientos, catering, entregas a domicilio, regalos de cumpleaños.

En un quiosco de diarios y revistas: libros, tarjetas para teléfonos y servicios de conexión telefónica para llamado de radio-taxis, tarjetas de salutación.

En una estación de servicio, además de combustibles, se prestan servicios de gomería, lavado, mecánica ligera, cafetería y mini-shop.

Una tienda o boutique de ropa, ofrece productos de marroquinería, calzado, accesorios, regalos, etc.

Un hotel ofrece servicios adicionales de spa, gimnasio, deportes, tratamientos de belleza, adelgazamiento, espectáculos, convenciones empresarias, venta de pasajes, servicios de asistencia a ejecutivos, con salas de computación, personal de secretarias, alquiler de equipos de audio, programación de excursiones, nursery, primeros auxilios, etc.

Una farmacia vende además de los productos tradicionales, óptica, bijouterí, higiene y tocador, alimentos dietéticos, libros de recetas y tratamientos, regalos, perfumería y belleza, así como ofrece en sus locales servicios de pronto-pago, tarjetas para teléfonos, teléfonos públicos, etc. Muchos comerciantes cometen errores en la forma de pensar sus negocios y provocan lo que se denomina "miopía comercial", porque no ven cuáles son las oportunidades que se pueden aprovechar a través del contacto con el cliente en el local de ventas.

La definición del tipo de negocio en que está un comercio depende de tres factores: los grupos de clientes a los que atiende; las necesidades de los clientes y los procedimientos o tipos de gestiones a realizar en materia comercial.

Este es el modelo actualizado que han seguido los super e hipermercados, los shoppings, las farmacias integradas, las estaciones de servicio, las cadenas de casas de venta de artículos para el hogar, y ahora negocios de venta de materiales de construcción y equipamiento para el hogar. Estos modelos no son privativos de grandes organizaciones. El comercio minorista individual de pequeña y mediana magnitud, puede, en escala reducida y con mayor especialización en categorías de productos y servicios, pensar en qué tipo de negocios se está, y cómo se pueden mejorar sus alcances, para mayores operaciones y utilidades.

A qué clientes nos vamos a dirigir implica pensar quiénes queremos que nos compren. Seleccionar segmentos y tipos de consumidores: familias, personas, empresas, instituciones, a fin de preparar luego las estrategias y tácticas para llegar a ellos, conquistarlos y realizar negocios de mutuo beneficio

Qué productos vamos a ofrecer exige un análisis de los rubros, marcas y bienes o servicios que más satisfagan las necesidades, requerimientos y expectativas de los clientes que deseamos tener, o tenemos actualmente.

Los productos seleccionados deben reunir tres condiciones: a) tener aceptación por parte de la demanda, b) generar una utilidad satisfactoria (salvo que sean productos "gancho" para atraer a los clientes y facilitar la venta de otros productos de buen margen); c) alta rotación.

Dentro de la gama de productos y servicios ofrecidos es conveniente tener alguna categoría de "exclusividades" que permitan diferenciar la oferta del comercio con relación a su competencia, así como "productos de marcas propias" que, además de calidad, garantía y satisfacción para el cliente, ofrezcan márgenes superiores para el comercio.

¿Qué posicionamiento debemos lograr?

Posicionar es definir qué parte del mercado deseamos tomar, en qué segmento ubicarnos con nuestra oferta y qué imagen queremos grabar en la mente de los clientes, como característica diferencial y exclusiva.

¿Deseamos ser un comercio que ofrece productos de alta tecnología, o todo tipo de productos? ¿Queremos ser un lugar apto para determinado segmento socioeconómico, o para todo público? ¿Esperamos que nos diferencien por los servicios, los productos, y las garantías o sólo por los precios?

¿Nos presentamos como un comercio exclusivo de alcance familiar, o somos un comercio más del rubro, como muchos otros, y tenemos vigencia en cualquier lugar o plaza? ¿Vendemos productos o servicios, o nos dedicamos a resolver los problemas del cliente ofreciéndoles beneficios ventajas y satisfacciones?

¿Nuestros productos y servicios son selectivos o masivos?

¿Para nosotros el cliente es un comprador o un amigo y socio?

Con relación a la forma de pensar y soñar un negocio exitoso, para "generar ventajas competitivas", hay que focalizar los temas y los centros de actividad donde se pueden conseguir producir valores superiores a los que ofrecen otros competidores en términos de soluciones, beneficios y satisfacciones para el cliente.

Michael Porter en su libro "Ventaja Competitiva", editorial CECSA, 1985, citado en nuestra bibliografía, nos enseña que en los negocios existen nueve centros fundamentales aptos para producir ventajas competitivas, a saber:

1. La organización interna del comercio, su equipamiento, comodidades, layout, cantidad y calidad de mercadería disponible, administración, capital de trabajo y activos físicos.

2. La calidad, las aptitudes y los valores personales de propietarios, socios, y personal del comercio. Su disposición y compromiso para con el cliente. El trabajo en equipo.

3. Los procesos y tecnologías de: compras, ventas, administración, finanzas, costos, comunicaciones internas y externas, etc.

4. Los proveedores.

5. El tiempo y forma en que ingresan al comercio productos y servicios, para ser utilizados y/o comercializados (just in time), a fin de evitar quiebres de stocks, faltantes, inmovilizaciones de mercaderías, etc.

6. Los servicios y la logística de entrega de pedidos, para dar respuestas rápidas y eficientes a los clientes, con entregas en tiempo y forma satisfactorias.

7. Las operaciones de bienes y servicios, compra, ventas, mantenimiento, merchandising.

8. El marketing del negocio minorista: estudiar el mercado, la competencia y el cliente, formular planes estratégicos y operativos de productos, distribución, promoción, difusión, marketing directo, tele -marketing, mailings, cartelización, publicidad.

9. Los servicios al cliente para no sólo "despachar productos y servicios", sino para ayudarlos a comprar, asesorarlos, realizar gestiones de posventas, seguimientos, ventas cruzadas, atenciones con motivo de aniversarios, acontecimientos especiales, etc. En una palabra todo lo que se puede efectuar para "deleitar" y si es posible "sorprender al cliente, no sólo como comprador, sino como persona, con sentimientos y emociones.

En materia de la pregunta sobre ¿qué inversiones realizaremos? Debe pensarse y responderse, con criterios fundados en análisis técnicos, qué capital es necesario disponer para alcanzar los objetivos propuestos. De dónde vendrá este capital (créditos, socios, aportes personales, etc.). Cuál será la rotación del capital. Cuál su retorno en términos de utilidades. En qué líneas de productos se invertirá el capital. Qué parte se destinará a activos fijos y gastos corrientes y qué parte para capital de trabajo. En este rubro es conveniente contar con el asesoramiento de un profesional de marketing, contador o administrador de negocios.

¿Qué participación deseamos tener en el mercado? Esta pregunta tiene que orientar el pensamiento del negocio a la meta que se persigue en cuanto a penetración competitiva. Normalmente un comercio minorista en una zona comercial de "proximidad", vale decir dentro de un radio de 3 a 5 cuadras de distancia del local de ventas, debe fijarse, como mínimo una participación no inferior al 10% de las ventas reales y potenciales de esa zona.

Si ese objetivo se ha cumplido, en base a la visión y la misión de la empresa, así como a las estrategias y operaciones planificadas. Se debe indicar para cada ejercicio anual cuál es la meta a lograr en materia de ventas para conquistar una participación creciente, en base a las oportunidades existentes.

El comercio que no crece en el mercado, tiende a desaparecer. Puede decrecer en algunos productos o categorías de negocios, pero no perder participación relativa como comercio.

¿Cuál será nuestro objetivo de rentabilidad en el corto y mediano plazo?

Hay un refrán que dice: "es preferible apuntar a la perfección y fallar, que apostar a la imperfección y acertar".

Un comercio no es una institución de beneficencia, debe producir resultados económicos razonables, en función del capital invertido, el trabajo realizado, el tiempo transcurrido y las oportunidades del mercado.

¿Qué es un resultado razonable? No existe una respuesta única y definitiva. Depende de muchas variables, que a su vez son muy dinámicas y cambian constantemente. Tres factores deben fijarse como objetivos de rentabilidad:

1. Una tasa no inferior al rendimiento de los intereses de plaza (a nivel de títulos de la renta pública, aproximadamente 12% anual).
2. Una liquidez suficiente como para generar fondos en efectivo que faciliten atender compromisos y realizar compras a precios más favorables. La liqui-

dez, es un objetivo tan importante como la rentabilidad y se logra con una eficiente política de ventas y una eficiente política de compras e inversiones que busque no inmovilizar existencias y capital de trabajo, para lograr en forma constante mayor afluencia de dinero en caja., para retornar al flujo comercial y ampliar las actividades de los negocios.

3. Una valorización de los activos y del fondo de comercio ya sea para tener mayor acceso al crédito o bien para pensar en eventuales incorporaciones de socios o inversores, ventas del negocio, fusiones o compras de otros negocios. Hoy forma parte de los negocios no sólo su subsistencia y crecimiento, sino también lo que se denomina Ventas y Adquisiciones de empresas y comercios.

En el pensamiento de los negocios la política de compras representa un capítulo de especial interés e importancia para soñar y crear un futuro exitoso.

Hoy día el comercio tiene condiciones favorables para negociar mejores condiciones que en otros tiempos. Hay más oferta que demanda y existe predisposición por parte de los proveedores para llegar a buenos acuerdos con los negocios minoristas que son bien administrados y tienen políticas de marketing eficaces

Hay que emplear técnicas de negociación, elegir a los mejores proveedores, establecer acuerdos de recíproco interés en aspectos tales como: precios, abastecimiento, condiciones de ventas y financiamiento, apoyo en promociones y servicios al cliente, auspicio de concursos, merchandising, cartelización y orientación sobre tendencias en el consumo de categorías de productos, para acelerar su rotación en las estanterías y generar así mayor utilidad por centímetro de espacio cubierto en el local.

Hay que comprar no sólo el producto y el precio, sino también lo que ofrece el proveedor en materia de asistencia comercial para apoyar y facilitar el éxito del negocio. El proveedor debe ser no sólo vendedor, sino "amigo" y "socio" del comercio minorista, ya que si a él le va bien, el abastecedor se beneficia y no tiene tanta dependencia de pocas y grandes cadenas de compradores detallistas, que no le son tan rentables, como las minoristas.

¿Qué alianzas estratégicas podemos realizar?

En el mundo actual ninguna actividad puede aislarse y desarrollarse en forma independiente. Las islas dejaron de ser metrópolis y si no forman archipiélagos o se unen al continente pierden gravitación y subsistencia.

Los negocios minoristas deben estudiar y realizar alianzas para adquirir fortalezas que le permitan competir.

Las alianzas se pueden lograr con empresas proveedoras, otros comercios minoristas no competidores en la zona, cámaras empresarias, agencias prestadoras de servicios de logística, promociones, publicidad, consultores, etc.

Los objetivos a pensar en materia de alianzas pueden ser:

- Mejorar las condiciones de compras, por compras conjuntas.
- Obtener apoyo en marketing y promociones.
- Asesoramiento para avanzar en competitividad.
- Formar grupos consolidados de mayor fortaleza.
- Lograr mayor calidad y menores costos de operación.
- Aumentar la liquidez financiera.
- Incrementar las gestiones de valor.
- Crecer a tasas superiores en participación de mercado y rentabilidad.
- Incrementar el valor comercial del establecimiento para su venta, fusiones o incorporación de nuevos socios.

Para concluir con esta última parte de este tema sobre como pensar y soñar un negocio exitoso, nos referiremos ahora a cuáles son las "estrategias políticas y procesos para crear y mantener clientes".

Señalamos oportunamente que el verdadero objetivo de un comercio minoristas es crear y mantener clientes, ya que los resultados, crecimiento y demás rendimientos del negocio se logran como consecuencia de esta circunstancia.

¿Qué hay que pensar sobre los clientes?

Enumeraremos a este fin las bases de ideas sobre las cuales podemos llegar a definiciones útiles y prácticas para crear carteras de clientes satisfechos y fidelizados:

1. Conocer cuáles son, dentro del radio de actividad del negocio los clientes que más nos interesan, por su perfil con relación a nuestros objetivos comerciales.
2. Diseñar estrategias y actividades para llegar a ellos con suficientes argumentos de convicción y persuasión.
3. Entender, escuchar y responder a las inquietudes, necesidades y deseos de los clientes.

4. Demostrar interés, disposición y organización para atenderlos con eficiencia y responsabilidad.
5. Plantear ofertas que sean percibidas como beneficiosas y ventajosas.
6. Ocuparse por asumir un compromiso que satisfaga y deleite al cliente.
7. Fidelizarlo mediante actividades destinadas a este fin: estímulos, atenciones, promociones etc.
8. Hacer seguimientos sobre la frecuencia de compras, mezcla de compras y montos de compras.
9. Contrarrestar y contestar campañas de la competencia, para evitar la "fuga" del cliente.
10. Medir periódicamente el grado de satisfacción del cliente, para mejora continua del nivel de servicios ofrecidos.

Ejercicio de interactividad

En base a lo expresado sobre el proceso de pensar y soñar un negocio exitoso, como un método para orientar la conducción del comercio minorista, le proponemos realizar el siguiente ejercicio que le ayudará a poner en práctica ideas para tener mejores rendimientos:

Piense cuál es su actual negocio, cómo puede profundizarse y ampliarse en materia de aprovechamiento de oportunidades y cuáles son las formas de obtener más rendimientos.

- ¿Quiénes son sus clientes hoy y cuáles pueden serlo en un futuro mediato?
- ¿Qué productos o líneas de productos pueden incorporarse y cuáles darse de baja?
- ¿Tenemos un posicionamiento definido? ¿Cuál es el más conveniente para el futuro?
- ¿Son adecuadas las inversiones y su destino en el negocio?
- ¿Conocemos la participación actual de nuestro negocio en el mercado zonal?
- ¿Cuál debe ser nuestra participación en los próximos tres años? ¿Cómo lograrlo?
- ¿Cuáles son las alianzas estratégicas que podemos realizar? ¿En qué orden y con qué prioridad?

2.5- Cómo incrementar y mantener la rentabilidad

Ideas fuerza

- La rentabilidad es un concepto que mide tres factores a) las utilidades con relación al volumen de ventas b) la liquidez del negocio c) la valorización progresiva del valor comercial.
- La rentabilidad es producto de fuentes internas y externas del negocio.
- Generan utilidades dentro del negocio su infraestructura, su conducción, las aptitudes y actitudes del personal de dirección y atención, las políticas de compras, de marketing de ventas y de servicios al cliente. El manejo adecuado de los inventarios y las estrategias competitivas, así como toda la tecnología aplicable para todas las operaciones que hacen al mejor funcionamiento del establecimiento.
- Generan utilidades las siguientes fuentes externas: los clientes actuales, los clientes potenciales, los proveedores, los consultores y asesores, así como las posibles alianzas estratégicas con otros comerciantes. Las fuentes de información externas sirven como elementos que contribuyen a producir utilidades.
- La gran fuente de generación de utilidades son la cartera de clientes, su frecuencia de compras, los productos que compran y los precios que están dispuestos a pagar por los artículos y servicios que reciben.
- La diferencia entre los precios de compra y de venta son uno de los importantes elementos para generar utilidades, pero no los únicos. La rotación de inventarios puede hacer que un margen bajo produzca alta rentabilidad, así como una rotación baja puede producir que un buen margen no resulte tan interesante.
- La selección de productos que tengan buena rotación, así como las acciones para acelerar la rotación a través de las ventas y el manejo idóneo de los inventarios son las claves de éxito para incrementar rendimientos.
- La valorización comercial del negocio sirve para varios fines: para una eventual venta o fusión. Para lograr mejores condiciones para la compra o financiación. Para conseguir créditos a tasas convenientes. Para interesar a nuevos socios que aporten capital para ampliaciones y/ o compras de otros comercios. Para atraer más clientes. Para ser más competitivos y tener mayor crecimiento en el mercado.

La rentabilidad no es más que la consecuencia de una serie de gestiones de valor que el negocio debe realizar para alcanzar resultados satisfactorios.

Muchos empresarios Pymes y comerciantes minoristas se ocupan de la rentabilidad descuidando los factores que la producen. Vale decir sólo piensan en los precios de compras y los de venta, para fijar metas del negocio.

Hoy, por las múltiples razones, expuestas oportunamente, el negocio debe pensar más en el mercado, en los clientes, en la competencia y en el desempeño integral que debe adoptar para alcanzar los resultados.

Existen fuentes de generación de rentabilidad, dentro y fuera del negocio, que hay que identificar y explotar para lograr utilidades.

Dentro de las fuentes internas encontramos:

- Organización del comercio para operar.
- Capital de trabajo.
- Localización geográfica y presentación estética del local o locales de ventas.
- Instalaciones y lay-out, o disposición interna del comercio.
- Sistemas de administración contable e informático – datos registros, estadísticas.
- Surtido de mercaderías o tipos de servicios para ofrecer.
- Cantidad, marcas, referencias, calidad, de mercaderías en existencias.
- Cartelización interna.
- Exhibidores, vidrieras, y material para promociones.
- Cantidad de personal para atención de clientes y gestiones administrativas y accesorias.
- Iluminación, limpieza y mantenimiento de edificios e instalaciones.

Dentro de las fuentes externas encontramos:

- Clientes reales.
- Clientes potenciales.
- Proveedores, cantidad y calidad.
- Asesores.
- Centros de información pública.
- Centros de información privada.
- Cámaras empresarias.
- Alianzas con otros comerciantes.
- Ferias y exposiciones locales, regionales e internacionales.

Definiciones y términos usuales

Rentabilidad: Utilidad resultante del negocio. Diferencia entre ingresos por ventas y costos totales incluyendo amortizaciones.

Retorno de capital: Relación entre utilidades y capital invertido, sirve para medir en cuánto tiempo se recupera el capital invertido en un negocio.

Retorno de capital efectivo: Relación entre utilidades y capital invertido más los intereses que ese capital hubiera producido si se lo colocaba a tasas financieras promedio de plaza.

Gestión de valor: Cuando el retorno del capital efectivo es superior a los intereses que se hubieran conseguido en plaza.

Destrucción de valor: Cuando el retorno del capital efectivo es inferior a los intereses promedio, que se pueden conseguir en plaza financiera.

Utilidad bruta: Diferencia entre precio de venta y precio de compra.

Utilidad neta: Diferencia entre precio de venta y costos totales del establecimiento, incluyendo amortizaciones.

Rotación de ventas: Cantidad de veces que el producto o los inventarios se comercializan en un período dado, por ejemplo en el mes o en la estación, o en el año.

Rentabilidad efectiva de un producto, o del capital invertido en las existencias: Diferencia entre precio de compra y venta multiplicado por la rotación en un período dado: mes, estación, ó año.

Liquidez financiera: Disponibilidad de efectivo en el negocio, o bancos para ser utilizado en el negocio La liquidez surge de la diferencia entre precios de venta y compra, en función de los plazos. Cuanto más largo son los plazos de compras y más bajos los de ventas, se producen flujos de fondos líquidos. La liquidez también se mejora controlando la rotación de existencias y evitando inversiones en activos que no produzcan utilidades y fondos de caja.

Valor comercial del negocio: Suma que un tercero está dispuesto a pagar para comprar los activos y el fondo de comercio de un establecimiento. Está en relación con el patrimonio neto, los volúmenes de ventas y utilidades del negocio, así como por su cartera de clientes e imagen de identidad comercial.

Cartera de clientes reales: Cantidad de clientes activos que compra con reiterada frecuencia, ya sea al contado o en cuanta corriente.

Clientes potenciales: Cantidad de clientes que reúnen condiciones para comprar en el comercio, ya sea por su poder adquisitivo, cercanía con el local, tipo de necesidades y deseos que pueden ser razonablemente atendidos por el establecimiento. La utilización de medios electrónicos de comunicación y contacto, e-mail, internet, facilitan la ampliación del área geográfica de localización de clientes potenciales.

Preguntas o dudas que puedan surgir del capítulo

¿Se puede, en las circunstancias actuales, con tanta competencia y bajo poder adquisitivo incrementar la rentabilidad de un negocio?

Las épocas de crisis presentan dificultades, pero también generan oportunidades. Muchos comercios aflojan sus defensas, reducen sus actividades y prestan menos servicios, creyendo que una actitud de contención tanto de gastos, como de gestiones, es lo más conveniente, y de este modo generan un proceso de desatención de sus clientes, que buscan nuevos proveedores y mejores negocios donde realizar sus compras.

Aquí se producen "mercados atractivos" para captar nuevos clientes y producir mejores ventas y rentabilidad. Investigaciones de mercado, recientes, demuestran que más del 50% de los clientes que compran en negocios minoristas, así como en grandes locales de ventas, están insatisfechos, ya sea por los precios, como por la falta de los productos que buscan, la mala atención, el exagerado tiempo que le demanda el traslado y adquisición, la falta de atención personalizada y otros factores.

Es cierto, hay mucha competencia y retracción en los volúmenes de ventas del mercado, en general. Pero ¿tiene un comercio en particular, todo el mercado? No, por el contrario, la participación de un comercio minorista es generalmente muy baja, por ello no tiene porqué influir en forma directa, la posible reducción generalizada de ventas y utilidades, si es que se toman medidas para evitarla.

Los comercios no son "corchitos" que flotan en el agua. Cuando el agua baja los "corchitos" bajan, porque no tienen poder de reacción.

Los comercios sí lo tienen y lo deben aplicar. Captar nuevos clientes, promover mayores ventas de productos relacionados. Mejorar la atención y los vínculos con los compradores.

Dar mejores servicios. Conseguir nuevos proveedores. Mejorar las negociaciones de compras. Diferenciarse por la variedad y calidad del surtido y muchas otras ideas sirven para enfrentar con buena "visión" y adecuada "misión" estas circunstancias adversas.

Un viejo proverbio oriental, que define una buena visión de negocios, dice: "cuando nadie venda nada, yo podré vender, como mínimo algo"

Si por razones competitivas se reducen los márgenes de utilidad sobre ventas. ¿Cómo se consiguen entonces incrementos de rentabilidad? ¿Es realmente posible?

La rentabilidad, como indicamos precedentemente, no surge sólo del margen, sino del margen multiplicado por la rotación de ventas. Por lo tanto la estrategia de aplicación es aumentar las ventas, reducir stocks inmovilizados y atraer nuevos clientes que compren más variados productos.

La selección de categorías de productos, marcas y proveedores contribuye a incrementar rentabilidad. También las estrategias de marketing para exhibir y promover ventas con mayor frecuencia de compras, mejor mezcla y más segmentos de mercados.

Mejorar los atractivos del comercio para generar mayor interés deseos y actitudes de compras son medios para la fijación de objetivos de incremento de rentabilidad, aun en épocas de crisis económica.

No siempre el mayor volumen de ventas genera la mayor rentabilidad. Puede ocurrir, que controlando la variedad de productos comercializados, así como su rotación, se logren mayores utilidades aun con ventas menores.

Mejorar la cartera de clientes, por incorporación de nuevos segmentos de compradores es una estrategia válida para incrementar rendimientos comerciales.

Reducir la fuga de clientes rentables, así como reactivar clientes que no compran, o se consideraban perdidos, es otro camino para mejorar la rentabilidad.

2.6- Acciones para aumentar el valor comercial del negocio

Valorizar el negocio significa darle más capacidad para generar resultados económicos-financieros, atraer más clientes y hacerlo menos vulnerable frente a la competencia.

Un negocio es como una persona, o una casa, podemos valorizarla mediante actividades que enriquezcan sus características y atractivos.

Una persona se valoriza por sus conocimientos, sus actitudes, sus aptitudes, sus antecedentes exitosos, por su conducta y su crecimiento en términos de utilidades y conveniencia para con quienes se vincula.

Una casa se valoriza por su diseño, amplitud, comodidades, presentación estética, mantenimiento, ubicación, accesibilidad, así como por sus características diferenciales, con relación a otras propiedades.

La valorización de una empresa Pyme, así como la de un comercio minorista, depende de factores cuantitativos, físicos y visibles, así como de factores cualitativos, abstractos, no visibles, pero que generan sentimientos y vínculos de alto interés para quienes lo eligen.

Son factores cuantitativos que valorizan un negocio:

El capital de trabajo.

Los elementos de su cadena de valor, vale decir: infraestructura, organización, administración, equipamiento e instalaciones, recursos humanos, tecnologías, fuentes de abastecimiento

Su ubicación geográfica, dentro de una zona, localidad o región.

Para el comercio minorista:

Las características del local, en cuanto a amplitud, pulcritud, presentación, decoración, iluminación, mantenimiento, iluminación, y lay –out.

Sus instalaciones y equipos para prestar servicios de calidad.

La cartelización interna y externa.

La cantidad y variedad de surtido de mercaderías, referencias y marcas.

La cantidad, aptitudes y actitudes de su personal de atención y servicios.

La cantidad de clientes activos y su lealtad de compras.

Su crecimiento de ventas, categorías de productos comercializados y utilidades.

Su liquidez financiera y su óptima relación capital, ventas y utilidades.

El capital marcario, o sea el poder y atractivo de las marcas del negocio y de los productos y servicios que comercializa.

Son factores cualitativos que valorizan a un negocio:

Su imagen como comercio donde se encuentran soluciones, beneficios, ventajas y satisfacciones por las oportunidades de productos a comprar y servicios a recibir.

Su ética comercial. Su compromiso con los clientes, su objetivo de calidad constante y mejora permanente.

Su disposición para dar respuestas a estrategias competitivas y superar sus prestaciones para los clientes.

Su intención de ser siempre los mejores y los más eficientes en su actividad

• Los vínculos personalizados con los clientes.

- La calidad de contacto, atención, asesoramiento y apoyo para facilitar las compras de los clientes.
- La respuesta rápida y efectiva a reclamos, quejas y requerimientos de clientes.
- Evitar faltantes de stocks, y si ellos se producen, facilitar al cliente su rápida solución.
- La calidez de las comunicaciones personales, telefónicas y escritas con clientes.
- Las campañas de fidelización de clientes.
- Las promociones periódicas, así como la renovación de la presentación del local.
- El apoyo constante de proveedores y alianzas con otros comercios.
- Su participación en actividades comunitarias y organizaciones de bienestar social.

No es necesario realizar todas estas actividades conjuntamente para valorizar un comercio, pero sí es preciso tener un programa de utilización progresiva y constante para incorporar nuevas fortalezas y atractivos al comercio, focalizando uno o varios de los factores precedentemente señalados.

La valorización del comercio tiene cinco dimensiones:
- Dimensión de los clientes.
- Dimensión de los proveedores.
- Dimensión de los socios o dueños.
- Dimensión del mercado para posibles ventas o fusiones.
- Dimensión competitiva.

Todas ellas operan en forma sinérgica, vale decir el impacto de cada una influye en las otras, y la sumatoria total, es mayor que la suma de las partes.

Ejercicio de interactividad

Reflexione sobre lo visto anteriormente con relación a los factores internos y los externos que permiten realizar actividades para valorizar su comercio.
Analice posibles acciones para incorporar en su negocio y conteste a estas preguntas que servirán para que se consigan objetivos eficaces para lograr una mejora continua en el valor comercial de su negocio.
- ¿Cuáles son los tres factores cuantitativos más importantes que pueden ser en-

riquecidos para producir a corto plazo una mayor valorización de su negocio?

- ¿Qué decisiones, inversiones y actividades pueden programarse de inmediato para conseguir los efectos mencionados?
- ¿Cuáles son los tres factores cualitativos que pueden seleccionarse para producir a corto plazo un mayor valor comercial de su negocio?
- ¿Qué decisiones, inversiones y actividades pueden programarse para lograrlo?
- ¿Cuál cree que es la valorización que sus clientes tienen de su negocio? ¿Cómo puede ella mejorarse?
- ¿Cuál es la valorización que usted cree que tienen sus proveedores con relación a su negocio? ¿Qué caminos existen para mejorarla?
- ¿Cuál es la valorización actual que usted y sus socios tienen de su negocio? ¿Cuál debería ser en el próximo año? ¿Qué hacer para lograrlo?
- ¿Cuánto piensa en términos de montos de pesos que el mercado valoriza a su comercio, en caso de una ampliación societaria, venta o fusión?
- ¿Cómo incrementar a corto plazo, el valor comercial de su negocio, a los fines antes indicados?
- ¿En términos de comparación con otros competidores de su misma actividad y nivel, en qué porcentaje estima que su negocio está por sobre o por debajo de la valuación de otros de similar o parecida envergadura?
- ¿Cómo y qué hacer para mejorar esta relación en los próximos años?

2.7- Gestiones que producen valor

Producir valor quiere decir elaborar ofertas comerciales que los clientes perciban como soluciones, beneficios, ventajas y satisfacciones para sus necesidades, deseos y expectativas.

Una Pyme, sea industria, comercio o actividad de servicios, puede trabajar para comercializar mercaderías y servicios, sin interesarle el destino o los resultados que los mismos producen en el cliente. ¡Hacen caja y listo!

O bien, puede ocuparse de trabajar para lo que necesitan y requieren los clientes, interpretando sus demandas y ofreciendo servicios que, a través de los productos vendidos, sirvan para mejorar la calidad de vida de sus compradores.

Esto último recibe el nombre de "gestión de valor". Si un comercio realiza gestión de valor sus clientes lo percibirán de inmediato y estarán dispuestos a comprar con mayor frecuencia, mayor cantidad de productos; e inclusive priorizarán el valor a los precios, y de esta manera aceptarán posiblemente precios razonables, más que precios inferiores a los de otros comercios.

¿Hace su negocio gestiones que producen valor? O, simplemente, compra y vende productos para obtener resultados.

¿Piensa en sus clientes cuando compra, exhibe, recibe y atiende? ¿Ó simplemente piensa en Usted y su negocio?

¿Se interesa por mejorar su desempeño y el del conjunto del negocio? ¿O sólo piensa en las ganancias, que son cada vez más difíciles de lograr?

La gestión de valor es el medio más eficaz para lograr subsistencia, crecimiento y utilidades. Es la estrategia de impacto más grande para crear y mantener clientes fieles y rentables, y producir ventajas competitivas sostenidas, no basadas exclusivamente en precios más bajos que los de otros negocios.

Las Pymes y dentro de ellas también los negocios minoristas tienen, actualmente, una función no sólo de conexión, sino también de creación de valor para el cliente, que elige y aprecia su contacto y al lugar de compras, tanto como a los productos que necesita. Su estructura le permite comunicaciones más personalizadas y flexibles para adaptarse a los requerimientos y cambios de las conductas de compra de sus clientes.

Más aun, completa sus vínculos con los bienes, las marcas y las empresas fabricantes, a través del concurso de la gestión del detallista.

Utilizando una metáfora podemos decir que los productos, o servicios, que se comercializan en el mercado son como "semillas", necesitan del lugar adecuado para "germinar", y este lugar - como la tierra adecuada - es el negocio o punto de ventas, donde el cliente se encuentra con lo que necesita y busca.

La semilla (el producto en nuestra comparación); por sí sola, es necesaria pero no suficiente. La semilla en la tierra apta (la Pyme y el minorista) se desarrolla y "crea" el fruto esperado, "el valor" que espera el cliente.

El comercio minorista cumple la función de la "madre tierra", para hacer que los bienes que se producen en las fábricas se transformen en "satisfactores", útiles para los compradores. Las organizaciones Pymes son los motores más adecuados a este fin, por los conceptos antes señalados de su relación más directa y conocimiento más actualizado de los clientes y usuarios de los productos y servicios que comercializan.

Los fabricantes, al igual que los consumidores han percibido con claridad esta relación, pero Usted, como responsable del negocio ¿tiene conciencia de qué es lo que ellos necesitan de su actividad, no sólo como vendedor, sino como creador de valores?

Ejercicio de interactividad

Lo invitamos a reflexionar sobre la forma de crear valor, y deseamos que usted analice y piense lo siguiente: "¿mi negocio crea valor para el cliente?"; si es así, qué puedo hacer para crear más valor. Si sólo vendo y no creo valor "¿qué ideas puedo seleccionar para comenzar, ¡Ya!, a generar valores que los clientes esperan de un minorista?.

Para este ejercicio le sugerimos, pensar, sin ningún tipo de restricciones mentales, ideas que contribuyan a crear valores, que su negocio pueda brindar, para ser percibidos por los clientes, como ventajas esperadas. Generar una "lluvia de ideas, anotarlas, evaluarlas y después elegir las 4 ó 5 más interesantes y accesibles para ponerlas en práctica de inmediato.

Para ayudarlo en esta tarea creativa le recomendamos pensar en ideas vinculadas con estos temas:

Creación de valor a partir de:

1. Capitalizar la información de las necesidades y expectativas de los clientes.
2. Escuchar al cliente para adaptar sus ofertas a sus requerimientos.
3. Adaptar la cadena de valor y actualizarla constantemente en sus nueve componentes:

   Infraestructura
   Recursos Humanos
   Tecnologías
   Abastecimiento
   Logística de Ingresos y de Salidas
   Operaciones
   Marketing
   Servicios al Cliente

En cuanto a los negocios minoristas de atención directa al público:

- Mejor utilización de espacios del local.
- Modernización de instalaciones.
- Iluminación.
- Cartelización.
- Ubicación y exhibición relacionada de producto.
- Presentación estética, limpieza e higiene del local y accesorios.
- Composición, surtido y mezcla de mercaderías.
- Precios y condiciones de ventas.
- Merchandising.
- Promociones variadas y continuas.
- Contacto, atención y vínculos con clientes.
- Base de datos para identificación de clientes.
- Análisis de quiebres de stock, para evitar faltantes.
- Comunicaciones verbales y escritas con clientes.
- Formas accesibles de publicidad particular y asociada.
- Alianzas estratégicas con proveedores, para incrementar ventas.
- Servicios adicionales a los clientes.
- Servicios de entrega rápida y eficiente- delivery.
- Atención esmerada y diligente de quejas, reclamos y devoluciones.
- Diversificación de rubros para la venta.
- Venta accesoria y complementaria de productos y servicios.
- Asesoramiento a clientes sobre mercaderías, usos, ventajas, etc.
- Fidelización de clientes.
- Estímulos para ampliar compras y mantener continuidad de relaciones.
- Ofrecer más beneficios, servicios y ventajas que los competidores directos.
- Ampliar la cartera de clientes.
- Cubrir más territorios de influencia y ventas.
- Realizar acuerdos y convenios con empresas compradoras.
- Integrarse más en la comunidad y sus instituciones representativas.

TERCERA PARTE

CONSTRUCCIÓN DE IDENTIDAD Y POSICIONAMIENTO

3.1- Identidad comercial. Posicionamiento de imagen del negocio y marcas usadas

Ideas fuerza

- El nombre de una empresa Pyme, o de un comercio minorista, sea su razón social, o una denominación de fantasía, es el emblema que representa los valores y virtudes que el negocio ofrece para sus clientes.

- Para elegir un lugar donde comprar los clientes necesitan ayudas que faciliten su decisión en función de sus ventajas. El nombre del establecimiento es como un faro que orienta la selección del negocio donde concurrir para efectuar compras.

- El nombre o marca de una Pyme, no es sólo un título, unas palabras o frases, sino que es en sí un mensaje que debe tener contenidos simbólicos de soluciones, beneficios, ventajas y satisfacciones, con el fin de ser percibidos por el cliente, en forma diferenciada y valorizada para su memorización y recordación con prioridad constante.

- Los contenidos que deben tener los nombres y marcas de las Pymes y comercios minoristas deben construirse en forma constante a través del tiempo y siempre deben completarse con frases-ideas que se denominan slogans comerciales, como ser: Casa Muñoz, donde un peso vale dos. O por ejemplo: Celusal, la sal de la vida; Remises Madero, las 24 horas del día para su segura y rápida atención.

- La identidad de la marca es un elemento de vital importancia para la generación de ventajas competitivas.

- El cliente, en general, es marquista, no sólo en términos de productos, sino especialmente en materia de lugares de compra – negocios – donde concurrir. Para decidir necesita tener una imagen fuerte y precisa del significado de cada nombre o emblema.

- La marca, ante tantas opciones alternativas opera como un "G.P.S" vale decir indica el camino a seguir en función de las expectativas, deseos y condiciones esperadas que el comprador y/o consumidor tiene en mente.

- Sea pequeña, mediana o grande, una empresa y un comercio minorista tienen que tener un posicionamiento bien construido a partir de un nombre y marca.

Los negocios al igual que las personas tienen nombres, algunos se corresponden con el de sus propietarios, o fundadores, otros son nombres simbólicos o de fantasía, como por ejemplo: panadería "La Esperanza"; librería "Siglo XXI", "Laboratorios Craveri" "Supermercados Monarca" "Diagnóstico Maipú, "Sastrería Agrest"; etcétera.

El nombre no sólo sirve para identificar al comercio, sino refleja, además, un contenido de valor, ya que con él se asocian las soluciones, beneficios, ventajas y satisfacciones que brinda, a diferencia de otros comercios.

Vale decir que el nombre es como una caja que contiene distintos significados. La caja puede ser destacada, visible e interesante, ó también puede pasar desapercibida, o no diferenciarse de otras. Puede ser grande, mediana o pequeña.

Destacar un nombre, marca o emblema de un negocio, consiste en construir alrededor de él un concepto que permita marcar los valores que interesen al cliente. Como por ejemplo, "Impresos San Martín: creatividad, calidad y rapidez"; "Ferretería Avenida: el surtido más completo a los mejores precios" "Supermercados Monarca al servicio de comunidad local".

"Diagnóstico Maipú: mejor y más avanzado para su salud", "Ylolay industria láctea", etcétera.

El cliente tiene muchas opciones de compras, pero no siempre sabe cuál es la más conveniente. Para elegir una empresa proveedora, o un comercio, necesita de la ayuda de imágenes que lo orienten en la búsqueda de su mejor alternativa.

La marca y la imagen del negocio son como un faro que orienta al navegante hacia el puerto.

La acción de marcar o grabar en la mente de los clientes una determinada imagen de satisfactor, es una estrategia comercial que recibe el nombre de posicionar.

Así como cuando escuchamos, por ejemplo, el nombre de "Freddo", lo asociamos a calidad artesanal en helados de exquisita factura. Este es su posicionamiento ¿Qué deseamos que se represente en la mente de nuestros clientes, a través del nombre o emblema del negocio?.

Esta decisión de posicionamiento la debemos analizar y decidir, para luego trabajar en su construcción permanente, a través del tiempo. Así como es necesario "construir una clientela, un stock, un capital de trabajo", es también imprescindible trabajar para "construir una imagen de marca" para un comercio y/o empresa, a fin de diferenciarse y tener capacidad de atracción de compradores.

El nombre y la marca de un negocio o actividad, "atesoran" adicionalmente un valor comercial que tiene precio en oportunidades de compras, ventas y fusiones de negocios. Es parte del patrimonio de un comercio y a veces representa un valor mayor que el de los propios activos físicos.

Definiciones y términos usuales

Posicionar: acción de crear una imagen distintiva que represente valores que el cliente perciba como virtudes y ventajas, para grabarlos en su mente, cada vez que tenga que tomar una decisión de compras.

Marca: nombre del propietario, razón social, o denominación de fantasía, que utiliza un comercio, o empresa, para expresar su identidad y diferenciarse de otros negocios.

Slogan: frase o conjunto de palabras que se incorporan a la marca para explicar en forma sintética todo lo que ella ofrece al comprador o consumidor. Tiene el efecto de darle vida y significado a cualquier nombre.

Imagen: representación mental, o simbólica que expresa valores, soluciones, beneficios y ventajas. Pueden ser tanto positivas, como negativas o neutras.

Identidad de marca: conjunto de asociaciones que representan la razón de ser del comercio y que traduce una promesa del negocio hacia sus clientes.

Construir marcas destacadas: acción de lograr que a través de la marca el cliente perciba los valores que le ofrece un comercio, a través de sus productos, gestiones, precios y servicios.

Valor de marca: capacidad de generar atracción de clientes. Activo de valor comercial para operaciones de compra, venta, fusiones y alianzas estratégicas.

Preguntas o dudas que puedan surgir del capítulo

Mi negocio desde hace diez años utiliza como marca mi nombre personal. ¿Es suficiente para posicionar una imagen competitiva?
El nombre por sí solo es un significante, vale decir una mención que puede o no

tener significados. Si tiene significados hay que preguntar a los clientes qué imágenes y conceptos de valores les genera su nombre.

Una encuesta muy sencilla realizada por personas que no se identifiquen con el comercio, puede detectar qué le aporta el nombre del negocio a un comprador actual o potencial.

Si el significado develado no satisface al comercio, hay que comenzar a construir un valor de marca, a partir de los factores que resultan débiles o negativos.

¿Cuánto tiempo y dinero requiere construir una imagen de marca o negocio?

Si bien la imagen no se logra en muy corto tiempo, hay factores que aceleran la creación de imagen, por ejemplo: la presentación del local; la calidad de su atención, la cartelización interna y externa, el surtido y la disposición de las mercaderías, el uniforme del personal, la iluminación, limpieza y mantenimiento. El confort interno, las promociones, el merchandising, las comunicaciones internas, el marketing directo y la publicidad.

Como se aprecia hay factores que no requieren inversión especial, son propias de la actividad del negocio. Lo importante es focalizar la acción para que se perciba, se comente y se registre en la mente de los clientes.

Para una empresa Pyme la construcción de su imagen es una actividad constante, donde intervienen factores tales como: la calidad y packaging de sus productos, el target - segmento del mercado - elegido para destinar las ofertas de productos y servicios, las comunicaciones integradas de marketing (promoción, publicidad, eventos, difusión, marketing directo), la calidad y servicio de atención personalizada de su fuerza de ventas, los servicios de postventas, así como el grado de satisfacción de sus clientes.

No se requiere, hoy día, con los medios técnicos disponibles, un tiempo demasiado extenso para conformar una imagen suficientemente diferenciada y positiva de una empresa o comercio minorista. Lo que se necesita es un plan y una actividad constante para edificar la imagen, mantenerla y actualizarla en contenidos y significados. El tiempo, a veces contribuye al envejecimiento de la imagen, si no se realizan estas gestiones.

La difusión boca a boca de los clientes satisfechos enriquece la imagen de marca, así como la difusión que se puede lograr por comentarios de medios de prensa de circulación localizada o de impacto masivo.

La inserción del comercio en actividades comunitarias e instituciones sociales de la zona de influencia es un factor que ayuda a crear imagen de marca del negocio En términos generales una buena actividad para construir marcas, en menos de un año puede crear una imagen satisfactoria, mejorar una imagen alicaída, o bien aumentar el valor de una marca ya sólidamente elaborada.

Hoy verificamos como muchos negocios minoristas, por ejemplo: farmacias, quioscos, heladerías, pinturerías, boutiques, peluquerías, librerías, estaciones de servicio, bares y restaurantes, cambian su imagen de nombre y marca, mediante la utilización de alguna o varias de las estrategias y medios señalados anteriormente-.También Pymes que fabrican productos u ofrecen servicios, con el apoyo de internet pueden crear, mantener o cambiar imagen en corto, mediano y largo plazo. Actualmente las denominadas redes sociales: Twitter, Facebook, etc. Constituyen medios de alto impacto, rápidos, creíbles y económicos para generar en corto plazo posicionamiento e imágenes de productos, empresas, servicios y lugares de venta.

3.2- Cómo identificar, clasificar a los clientes para atraerlos, mantenerlos y conquistarlos

Existen, en una clasificación muy amplia, los siguientes tipos de clientes:

a) los que compran habitualmente.
b) los que han dejado de comprar.
c) los que pudiendo hacerlo, nunca han comprado.

¿Conoce un negocio, a través de sus responsables, cuáles son los clientes que se agrupan en las categorías indicadas anteriormente? ¿Se sabe qué compran, cuando compran, para quiénes compran, ó porqué dejaron de comprar, o nunca compraron? La tarea de análisis que permite contestar a estas preguntas constituye el proceso de "identificación de clientes reales y potenciales de un negocio".

Señalamos oportunamente que los clientes son el "activo" más importante de un negocio. ¡Son realmente el negocio! Porque sin ellos nada se puede lograr en términos de resultados. Entonces es de relevancia trascendente prestar atención a este tema y dedicar tiempo y esfuerzos para tener en forma clara, y continuada una actualizada identificación de los clientes en sus diversas categorías.

No sólo como información administrativa, sino como herramienta estratégica para realizar gestiones de ventas y utilidades.

La identificación de los clientes en cada una de las categorías indicadas permitirá y hará accesible la gestión de venta personal, las promociones, las comunicaciones por mailings, tele-marketing, folletos y eventos especiales.

Servirá para entender qué mezcla de productos y servicios compran los clientes que habitualmente vienen al local, así como sus frecuencias de visitas, distancias desde donde concurren, así como características de grupos familiares, edades, actividades, clase socio-económica, grado de lealtad, etcétera.

Para la categoría de clientes que han dejado de comprar, fechas de distanciamiento, importancia del cliente, productos que compraba, y demás detalles que permitan identificar su importancia para el negocio.

En base al reconocimiento de estos datos se podrá planificar una acción para reconquistar a estos compradores, mediante acciones de contacto, promoción, ofertas y estrategias de acercamiento.

Con relación a los clientes, que dentro o fuera de la zona de influencia del comercio, nunca compraron, siendo potencialmente consumidores, puede realizarse una indagación para detectar nombres, domicilios, distancias de residencia, y si es preciso mediante encuestas sencillas conocer sus lugares de compras y motivos por los que no se acercan al negocio que les interesa incorporarlos como clientes. Además del método de encuestas o indagaciones, pueden recurrirse a listados obtenidos de diferentes guías (telefónicas, páginas amarrillas, industrias, profesionales, clubes, tarjetas de crédito, cámaras y asociaciones empresarias, internet, etc.)

También se pueden realizar censos de tipos de hogares, departamentos, comercios, profesionales y demás grupos de clientes potenciales de la zona o ámbito de influencia del negocio, para luego, por comparación, detectar cuáles son aquellos que no están registrados por la empresa.

La identificación de los clientes permite actualizar sus datos y conductas de compras para distintos fines:

1. Vender más mediante un mejor conocimiento de sus características.
2. Mantener vínculos de relación más estrechos y efectivos.
3. Conocer los movimientos de compras y visitas de los clientes habituales.
4. Recuperar clientes inactivos.
5. Promover en los clientes que no compran ciertos rubros, la comercialización de mayor cantidad de productos (ventas cruzadas o relacionadas).

6. Incorporar nuevos clientes.

7. Evitar que, por falta de identificación, la competencia directa o indirecta conquiste clientes de un comercio, sin que ella lo perciba o realice tareas de prevención o recuperación.

8. Administrar con mayor eficacia la cartera de clientes, como cualquier otro activo valioso del negocio.

Las fuentes y herramientas para poder identificar los clientes, en las distintas categorías enunciadas precedentemente son:

• Registros internos existente en la empresa.
• Registros internos nuevos a crear en la empresa.
• Listados de clientes que compran por tarjetas de crédito u otros medios de pago.
• Concursos o premios que se realizan deliberadamente para lograr, mediante cupones la identificación, clientes no registrados o potenciales.
• Guías y listados de personas, comercios, profesionales, instituciones, etc.
• Censos e indagaciones personales.
• Direcciones postales, telefónicas, o de e-mail, obtenidas en distintas fuentes.
• Cámaras y Asociaciones de Crédito, Comercio y de distinto tipo de agrupaciones civiles industriales, de servicio y comerciales.
• Instituciones comunitarias y deportivas.
• Bases de datos accesibles de internet.

El proceso de identificación de clientes tiene las siguientes etapas, mediante las cuales se podrán obtener los objetivos y resultados antes descriptos:

1. Planificar y decidir una acción cotidiana y permanente para identificar los distintos tipos de cliente.

2. Leer con atención las señales que surgen de la información compilada, para transformarlas en acciones que produzcan resultados.

3. Analizar los resultados de las actividades programadas para manejar la cartera de clientes, a partir de la evolución periódica que surge de la identificación de clientes.

4. Realimentar las estrategias para conseguir mayores ventas, reducir los índices de clientela inactiva y facilitar la incorporación de nuevos clientes.

5. Mantener un sistema de comunicaciones integradas, internas y externas, con los clientes identificados periódicamente, según sus distintos tipos y necesidades.

Sugerimos, si aun no lo tiene solicitar a su programador e instalar un soft a este fin. Luego mantenerlo permanentemente actualizado, incorporando datos útiles para una ulterior actividad de C.R.M (relaciones con el cliente) incorporando datos personales, como fecha de nacimiento de sus socios o dueños, aniversarios de la fundación del negocio, asociación o sector industrial o comercial al que pertenece para, por ejemplo, el día de la industria, enviar salutaciones de estilo.

Ejercicio de interactividad

- ¿Tiene su negocio un listado de clientes en actividad, otro de clientes inactivos y uno de clientes potenciales? Si no los tiene le recomendamos comenzar la tarea de elaborar estos listados, para los cuales puede recurrir a las fuentes citadas anteriormente. Para esta tarea puede contar con el personal administrativo del comercio, o bien solicitarla a su contador, o sino a familiares o terceros, que por poco dinero y en forma tercerizada, pueden realizar esta tarea.

- ¿Realiza tareas de promoción, ventas, incorporación de nuevos clientes en base a la utilización de listados con identificación de carteras por categorías de clientes?

- ¿Actualiza mensualmente o periódicamente estos listados?

- ¿Compara la evolución y extrae conclusiones de estos listados?

- ¿Fija objetivos estratégicos y operativos en base a las conclusiones de los listados de identificación de clientes?

- ¿Verifica los resultados de las gestiones realizadas con las estrategias para mejorar el rendimiento de la cartera de clientes identificada por distintos grupos?

- ¿Considera usted que se puede mejorar la administración de la cartera de clientes y con ello el crecimiento de su negocio?

3.3- Estrategias de posicionamiento para negocios Pymes

Al inicio de este módulo, y en el glosario de términos, detallamos como definición del posicionamiento, a "la acción de crear una imagen distintiva que represente valores, que el cliente perciba como virtudes y ventajas, para grabarlos en su mente, cada vez que tenga que tomar una decisión de compras".

El cliente, consciente o inconscientemente se pregunta: ¿Por qué tengo que comprar este producto- servicio- y marca? ¿Por qué tengo que comprar a esta empresa en este lugar?

¿Por qué tengo que comprarle a este vendedor que me visita o atiende en el local?

¿Por qué tengo que comprar ahora o en otro momento?

Para el caso de los negocios minoristas que atienden directamente al público, el posicionamiento es, además, una estrategia del marketing, útil para diseñar una oferta comercial integrada, por: a) el local de ventas, b) los productos ofrecidos para su compra, c) la logística de distribución – delivery, o entregas -,.d) la política de promoción, e) el merchandising, f) la venta personal, g) las comunicaciones internas, h) la cartelización interna y externa, i) la publicidad, j) la difusión, k) política de precios y financiamiento, l) servicios al cliente, ll) relaciones con la comunidad y las instituciones privadas y públicas.

Vale decir que, a través de este conjunto, que forma una estructura del negocio, se diseña producir en la mente de los clientes elegidos para trabajar en el mercado una imagen distintiva, para la generación de soluciones, beneficios, ventajas y satisfacciones para los compradores y prospectos del comercio.

Es en definitiva una propuesta de valor destinada a un mercado meta, para que los clientes se acerquen al negocio y compren sus productos con interés y reiteración.

El posicionamiento de un comercio minorista tiene tres dimensiones:

1. Desde el comercio: generar una estructura de oferta adaptada a un mercado o segmentos del mercado, para generar el él, o ellos, una marcada característica diferencial en imagen de beneficios que se pueden obtener en su local de ventas.
2. En la mente de los clientes actuales y potenciales: grabar o marcar una idea suficientemente particular y diferenciadora , relacionada con sus expectativas de satisfacción, para definir en qué lugar es más conveniente comprar.
3. En la acción competitiva: para atraer, conquistar y mantener clientes, evitando su "fuga o traslación" a otros comercios, mediante una convicción y persuasión simbólica, que opere como idea fija y como barrera mental de sustitución.

El posicionamiento, mediante acciones y comunicaciones, busca crear impactos de imagen aumentada, tanto en el negocio, como en sus productos, servicios, garantías y compromisos con el cliente. En definitiva, posicionar un comercio es genera ideas y pensamientos de valor distintivo, para que el cliente perciba y grabe significados de las ofertas que se le ofrecen, en relación con sus expectativas y frente a diversas opciones de compras.

Podemos seguir tres caminos posibles para elaborar estrategias de posicionamiento, los cuales pueden, según las circunstancias, ser utilizados en forma independiente o conjunta, a saber:

1. Marcar o grabar en la mente de los clientes de un mercado meta una imagen de satisfactor, Bien diferenciada en beneficios y ventajas competitivas. Por ejemplo: Pinturería Avenida, donde le ofrecemos las mejores marcas, con el compromiso para que usted reciba los mayores beneficios y satisfacciones en rendimiento, precio, calidad y variedad de surtido. Otro ejemplo, en este caso para una clínica odontológica, nuestros profesionales se ocupan de la salud de su boca con la tecnología más avanzada y el trato más solícito y personalizado, para su salud y estética.

2. Buscar una posición nueva y desocupada, valorizada por los clientes, para apoderarse de ella. Vale decir, identificar un "hueco o vacío en el mercado" para llenarlo en forma exclusiva y predominante. Algunos ejemplos: Un estudio de arquitectura que ofrezca servicios para agrandar la capacidad de oficinas o, negocios, casas y departamentos, sin trabajos de albañilería, sino mediante el rediseño de ubicación de muebles y la utilización de modernos mobiliarios que amplían las comodidades existentes, a partir de espacios habitualmente desaprovechados. Otro ejemplo: Una sastrería que confeccione ropa de calidad, a medida, al precio de una confección, para entrega en 48 horas. Un restaurante exclusivo para personas que hacen dietas recetadas y no recetadas.

3. Reubicar a la competencia, para debilitar la confianza e imagen que el cliente tiene de ella, especialmente cuando se trata de un líder zonal o un fuerte competidor. Ejemplo una librería que se posicione como un lugar donde no le venden lo que las editoriales imponen, sino lo que le resultará lo más útil y agradable para sus expectativas. Un comercio que no le ofrece lo que más les conviene a ellos, sino lo que más útil resulta para los intereses y deseos del comprador.

La eficiencia y la eficacia en la estrategia e implementación del posicionamiento pueden producir alguno de los siguientes errores y defectos, que usualmente se aprecian en el mercado.

- Sub-posicionamiento: cuando la imagen del comercio, en la mente del cliente, no alcanza para configurar la realidad de los valores que brinda. Por ejemplo un negocio pequeño, que tiene mejores productos, mejores precios y mejores servicios, que otros más promocionados, pero que pocos clientes lo conocen o identifican como tal.
- Sobre-posicionamiento: cuando se genera una representación mental con imágenes que exceden las posibilidades reales y efectivas de la oferta propuesta, que luego será incumplida. Produce frustración y desencanto, que opera como un factor negativo para el futuro del comercio. Por ejemplo cuando se ofrecen por publicidad o cartelización precios muy bajos y luego no se dispone del producto, con el argumento, que la oferta era limitada y se vendió. También cuando se promociona: atención personalizada y servicios del más alto nivel y luego no se da lo prometido. Ocurre frecuentemente con locales que tienen ubicaciones y ambientación de gran nivel, pero la atención y la mercadería es muy deficiente y no está a la altura de las expectativas que genera la presentación del local.
- Posicionamiento confuso: cuando un comercio no logra hacer percibir con claridad el tipo de productos y los servicios y ventajas que ofrece, frente a otros similares de más clara identificación. Por ejemplo una estación de servicio para automóviles, que además de vender combustibles y productos afines, se dedica a la compra venta de vehículos.
- Posicionamiento dudoso o carente de credibilidad: aquellos comercios que ofrecen productos de marcas reconocidas a precios equivalentes a los de productos sin marcas o desconocidos. Algunas empresas prestadoras de servicios de medicina prepaga, que ofrecen coberturas asistenciales a precios y en lugares poco aceptables.

Beneficios del posicionamiento para el comercio minorista y las empresas Pymes:

- Brinda medios para lograr identidad, personalidad y atributos diferenciados para competir en superioridad de condiciones frente a rivales de mayor envergadura.

- Crea barreras de sustitución para los clientes, frente a opciones directas e indirectas.
- Elimina riegos de comparaciones indebidas.
- Genera liderazgos conceptuales para incrementar ventas y utilidades.
- Produce activos estratégicos que incrementan el valor comercial del negocio.

Ejercicio de interactividad

- Defina cuál es el posicionamiento elegido y aplicado actualmente para su comercio.
- Identifique cuáles son los atributos fuertes y débiles del posicionamiento de su negocio.
- ¿Sabe cuál es la imagen de su negocio, que en términos de posicionamiento, tienen distintos segmentos de sus clientes?
- Haga un listado de las decisiones y acciones que considere necesarias para mejorar el actual posicionamiento de su negocio, y hacerlo más competitivo y menos vulnerable.
- Establezca un plazo y efectúe mediciones a través de medios internos y externos (consultores, personal contratado para encuestas, etc.) para seguir la evolución de sus nuevas estrategias de posicionamiento.
- Fije objetivos para valorizar comercialmente su negocio en base a las nuevas estrategias e inversiones de posicionamiento.

3.4- Conducción y gerenciamiento de empresas Pymes y negocios minoristas

Ideas fuerza
- Conducir es una responsabilidad del dueño o encargado de un comercio minorista. Es un derecho y una obligación derivada de la propiedad, o de la jerarquía que se tiene en el negocio.
- Es una tarea y una función. Puede hacerse en forma intuitiva, informal o empírica, o bien dentro de ciertas normas técnicas que garantizan un manejo racional y eficiente de los recursos y oportunidades.
- Gerenciar es un proceso para una conducción eficaz, que emplea técnicas de organización, planificación, liderazgo, coordinación y evaluación de gestiones y resultados.

- El gerenciamiento en una forma profesionalizada de poner en funcionamiento un comercio, para asegurar un desarrollo eficaz de los recursos materiales, económicos, y humanos.
- El gerenciamiento aporta a la conducción criterios y modalidades de desempeños que hacen accesible una gestión de valor, para producir beneficios superiores a los insumos y gastos que se realizan. Crea, de este modo, rentabilidad para los dueños, socios y accionistas, así como beneficios y satisfacciones para los clientes del comercio.
- El gerenciamiento está basado en conocimientos, habilidades y destrezas. A diferencia de la conducción tradicional o empírica, el gerenciamiento se aprende y perfecciona, no sólo con la experiencia, sino con el aporte de principios, métodos y sistemas. Por ejemplo, mediante este los conceptos y técnicas analizadas en este libro.
- El gerenciamiento en un comercio minorista así como en toda empresa Pyme, hace menos vulnerable su actividad, frente a la competencia de establecimientos de mayor fortaleza económica.
- Permite aprovechar, con mejores resultados, sus ventajas naturales de: personalización, menores costos de estructura, mayor flexibilidad para adaptarse al cambio, rapidez de decisiones, especialización, así como beneficios de proximidad con relación a los clientes atendidos.
- El gerenciamiento le da a un comercio minorista capacidad estratégica y operativa para ser eficiente, eficaz, y competitivo.
- Un buen gerenciamiento permite definir mejores objetivos y resolver situaciones críticas que plantean habitualmente los escenarios del mercado. Asegura la subsistencia y contribuye al crecimiento del negocio.
- El gerenciamiento hace que la conducción sea menos riesgosa y adopte los caminos más indicados para una exitosa evolución.
- Para ser un buen empresario y comerciante, hoy es necesario ser un buen gerente, o contar en su equipo de dirección con buenos gerentes.

Existen distintas formas de organizar, dirigir y controlar el desarrollo de un negocio minorista y de una empresa Pyme, industrial o de servicios
La clasificación más simple nos permite distinguir entre las conducciones que se basan en la intuición, la experiencia y los deseos, y las que responden a procesos fundados en conocimientos técnicos y profesionales.

La diferencia radica en los resultados y el riesgo. En las primeras formas, generalmente por ineficiencia, no se logran los objetivos propuestos y por el contrario se opera con una vulnerabilidad que, en grados extremos, lleva al cierre del negocio. La utilización de principios y normas de conducción especializada, evitan errores de acción u omisión y facilita el aprovechamiento de oportunidades, para generar beneficios, mediante una mejor disposición estratégica y táctica de recursos.

¿Qué categorías o rubros de productos trabajamos?; ¿Dónde es más conveniente instalar el local de ventas?; ¿ Qué tipo de instalaciones y lay-out debemos emplear?; ¿Es ventajoso tener marcas propias?; ¿Quiénes deben ser nuestros proveedores principales?; ¿Cuál es el capital de trabajo requerido?; ¿Qué cantidad y calidad de personal debemos emplear?;¿Qué política de compras utilizaremos?; ¿Cuál es la política de precios?; ¿Cuáles son los objetivos de ventas y utilidades?; ¿Cuáles son los planes de promoción y merchandising?; ¿Qué estrategias de fidelización de clientes hay que usar?; ¿Qué tipos de procesos de cambio debemos encarar?; ¿Qué alianzas podemos efectuar?

Estos y muchos otros temas e interrogantes son parte de la gestión que debe encarar un gerenciamiento del negocio minorista.

Denominamos gerenciamiento de un negocio - en inglés "management"- al desempeño idóneo y eficiente para crear, organizar, dirigir, coordinar, operar, evaluar y controlar: capitales, oportunidades, recursos materiales, técnicos y humanos, con el propósito de lograr resultados superiores a los insumos, gastos e inversiones realizadas en el negocio.

Un buen gerenciamiento hace un efecto sinérgico en la suma de todos los elementos que intervienen en el negocio. Vale decir que los resultados de la suma de los valores de cada uno de los recursos utilizados, en su conjunto, rinden más que la suma directa de sus componentes.

En mercados globalizados, en proceso de cambio y con alta competitividad, los negocios necesitan, más que buenos administradores de recursos, verdaderos "administradores de oportunidades y riesgos comerciales". Esta es la verdadera definición de un conductor de negocios minoristas exitosos, para las épocas que vivimos, de aquí al futuro.

En este módulo nos ocuparemos de los procedimientos y las técnicas para una conducción y gerenciamiento eficaz del comercio minorista, para competir, crecer y tener acceso a resultados satisfactorios, tanto para el negocio, como para los clientes.

Definiciones y términos usuales

Conducción: Función propia del dueño o responsable de un comercio minorista, responsable de su dirección y resultados.

Gerenciamiento: Metodología de conducción basada en principios técnicos de organización, planificación, dirección, coordinación, evaluación y control de actividades y resultados.

Liderazgo: Condiciones para influenciar a las personas dirigidas. Aptitud para motivar y generar procesos de cambios que conduzcan al encuentro de resultados exitosos.

Creatividad: Capacidad de encontrar nuevas soluciones para resolver problemas y generar valor.

Estrategia: Intención basada en un análisis objetivo de oportunidades y amenazas externas, del mercado, así como de fortalezas y debilidades internas del comercio.

Oportunidades: Conjunto de necesidades latentes o manifiestas del mercado y los clientes, con potencial para generar negocios rentables.

Amenazas: Incertidumbre y riesgos que provoca el proceso de cambio en los escenarios, así como la acción de la competencia.

Eficiencia: Desempeño racional y lógico basado en conocimientos y procedimientos idóneos. Cómo actuar.

Eficacia: Identificación y definición inteligente del objetivo y las metas a lograr. Qué hacer.

Competitividad: Capacidad de crear más valor que la competencia. Generación de ventajas con relación a la gestión y resultados de otros comercios que actúan en el mismo mercado.

Procesos: Forma técnica para encarar el desarrollo de actividades. Los procesos utilizan sistemas de gestión para asegurar eficiencia operativa.

Resultados: Logros obtenidos en términos de participación de mercado, volúmenes de ventas, creación y mantenimiento de clientes, generación de ventajas competitivas, utilidades y retornos de inversión.

Sinergia: Efecto multiplicador, que potencia los resultados de una acción por influencia de otra acción. La sinergia hace, por ejemplo, que una mejor atención al cliente, permita vender más. La sinergia potencia también los resultados negativos, por ejemplo la falta de un producto o referencia, contribuye a que el cliente no compre, o compre menos.

¿Se justifica gerenciar un negocio minorista, o una empresa Pyme, cuando se tiene mucha experiencia en el ramo?

La experiencia genera conocimientos y aprendizajes convenientes, pero no son suficientes, frente a las nuevas condiciones y cambios del mercado, para conducir con éxito un negocio.

¿El gerenciamiento no es una sofisticación de la conducción, sólo válida para las grandes empresas manejadas por profesionales que representan a los accionistas que no trabajan en el negocio?

No; el gerenciamiento es imprescindible para todo tipo de actividad que requiera de aptitudes y actitudes inteligentes para hacer frente a condiciones difíciles e innovadoras que plantea el juego de la competencia. Una Pyme al igual que un negocio minorista sólo podrá subsistir, crecer y ser rentable en la medida que tenga un gerenciamiento eficaz.

¿Cómo se puede ser un buen gerente, si uno no realizó estudios profesionales?

La profesionalidad no se obtiene sólo con un título académico. Ser profesional en los negocios, implica tener capacidad para elaborar recetas de gestión comercial, en lugar de sólo aplicar recetas repetitivas, como hacen quienes en lugar de profesionalidad sólo tienen capacidad para hacer siempre lo mismo, sin saber qué es lo más conveniente.

La capacidad para gerenciar se adquiere mediante la incorporación de conocimientos y prácticas de excelencia en el manejo de los negocios, que aseguren resultados eficaces. Lecturas, cursos y aprendizajes mediante el ejemplo de cómo actúan los mejores.

3.5- Dirección jerárquica o conducción por liderazgo

Generalmente, los empresarios Pyme y los comerciantes minoristas se quejan de la competencia, tanto de su sector, como de los canales integrados por grandes cadenas, o por empresas de mayor tamaño que las suyas.

Realmente el problema no es la competencia, sino la forma de competir.

Hay un conocido adagio que, adaptado a los negocios, dice: "el pez grande se come al chico, siempre y cuando éste no sea un experimentado administrador".

La conducción jerárquica es aquella que sólo se basa en la autoridad que da el ser propietario o encargado de un negocio.

La conducción por liderazgo es la dirección por objetivos, programas, conocimientos de administración, marketing, finanzas y manejo de recursos humanos. Se basa en una racional planificación y en una ejecución técnica de la actividad comercial.

El "Retail-Management", ó en nuestro idioma el gerenciamiento del negocio minorista, es una de las formas de emplear la conducción por liderazgo. Tanto en los comercios, como en las empresas Pymes industriales y de servicios. Esta tiene tres dimensiones:

a) Económica.

b) Estratégica.

c) De recursos humanos.

La dimensión económica se ocupa de las inversiones, los costos, las finanzas, las utilidades y la valorización progresiva del negocio.

La dimensión estratégica identifica en el mercado oportunidades y amenazas, sobre las cuales toma decisiones para generar acciones, donde se utilizan las fortalezas de la organización, y se controlan las debilidades y vulnerabilidades del negocio. Indica en qué mercados es más conveniente incursionar, a qué clientes dirigirse, cuál debe ser la política de precios, etcétera.

Formula planes y programas de acción para una gestión de valor. Se ocupa de producir ventajas competitivas, y analiza la conveniencia de cambios para adaptarse a los factores condicionantes del mercado.

La dimensión de los recursos humanos comienza por crear una cultura en los dirigentes, para poder ser verdaderos líderes, capaces de crear condiciones para orientar, formar y conducir personal útil, responsable y comprometido con la generación de gestiones de valor, tanto para el negocio, como para sus clientes.

Ejercicio de interactividad

• ¿Qué tipo de conducción emplea para su negocio?

• ¿Qué ventajas y riesgos piensa que otorga una conducción jerarquizada?

- ¿Cuáles son las ventajas y riesgos de una conducción por liderazgo?
- ¿Es posible introducir en su negocio un gerenciamiento por liderazgo?
- ¿Qué necesidades y requerimientos demandará el cambio de conducción?
- ¿Qué resultados pueden preverse con el paso de una conducción jerárquica a una por liderazgo?

3.6- Dilemas de la conducción: ¿Dar órdenes o crear valores con delegación?

Existen ideas o mitos que tradicionalmente identifican a la gerencia con alguno de estos términos:

Gerencia es: "la gente que está arriba"
"es el patrón o jefe"
"dirige el trabajo de otro"
"realiza su trabajo haciendo que otros realicen el suyo"

Estos conceptos tienen relación con el viejo pensamiento que gerenciar es ordenar. Hoy los negocios necesitan algo más que órdenes, requieren de directivas inteligentes que indiquen procesos para obtener sucesos.

Ordenar implica exigir que se obtengan resultados ¿pero cómo?, más aun en condiciones de mercados competitivos y en proceso constante de cambio.

Los objetivos del gerenciamiento de un comercio minorista consisten en fijar y conseguir las metas del negocio a corto, mediano y largo plazo.

Crear condiciones, medios y conductas para hacer accesibles resultados.

Estos objetivos deben contener: resultados tangibles – materiales – y realizaciones intangibles como ser: cultura, organización, calidad, competitividad, servicios al cliente, etc.

La gerencia creativa tiene funciones específicas, independientes de la magnitud del negocio, sea este unipersonal, una "pyme", un híper o un supermercado. Son funciones de la gerencia:

- Producir resultados económicos razonables.
- Dirigir el negocio para crear valor que se traduzca en beneficios.
- Aplicar técnicas y procesos para realizaciones comerciales prácticas y eficaces.
- Actuar personalmente para que los resultados deseados se concreten.

- Desarrollar actividades creadoras para una mejora continua en operaciones y resultados.
- Elegir permanentemente alternativas de acción para superar dificultades propias del mercado.
- Elaborar estrategias, definir objetivos actualizados en función de las circunstancias.
- Planificar actividades para una mejora continua. Coordinar procesos.
- Motivar desempeños del personal a su cargo.
- Evaluar gestiones y resultados.
- Generar ventajas competitivas.
- Asegurar el mantenimiento de cartera de clientes.
- Crear nuevos clientes.
- Negociar eficazmente con los proveedores, para lograr apoyos y acciones comunes.
- Realizar alianzas estratégicas para mejorar el crecimiento del negocio.
- Asesorarse permanentemente para ser más eficiente, eficaz y competitivo.
- Preparar planes de contingencia.
- Representar a la empresa ante terceros y componentes internos del negocio.

El gerente debe tener conocimientos, habilidades y destrezas que le faciliten cumplir con los objetivos en su tarea.

No debemos dejar de tener presente que, una cuestión es conducir un negocio, y otra diferente "gerenciarlo". La diferencia consiste en que cualquiera puede conducir, pero sólo los que están capacitados pueden gerenciar.

Los resultados positivos son la consecuencia para el gerenciamiento, en cambio la simple conducción tiene el riesgo de "destruir riquezas y oportunidades".

El gerenciamiento creativo se ocupa de:
- Planificar estrategias y actividades comerciales
- encontrar caminos y elaborar procedimientos para el cumplimiento de estrategias y planes de acción.
- Identificar y promover ideas, propuestas y actividades, ya sea provenientes de su iniciativa, como de las de su personal, proveedores, asesores y competencia.
- Mantener abiertos múltiples canales de información.
- Analizar los cambios del mercado y anticiparse a las oportunidades y riesgos.

- Dirigir el negocio con objetivos abiertos, flexibles y propicios para una mejora continua.
- Tener sentido critico para encontrar errores, corregirlos y buscar soluciones creativas.
- Pensar que el negocio exige una permanente interacción entre sus decisiones, las de sus clientes, proveedores y competidores.
- Entender que los resultados no son casuales, sino "causales" y siempre dependen del responsable principal del negocio. No buscar culpas ajenas, sino corregir las propias.
- Percibir que hoy sólo se consigue rentabilidad cuando se pone atención al cliente.
- Propiciar alianzas estratégicas para incorporar fortalezas y reducir vulnerabilidad.
- No tener miedo o dejarse arrastrar por la competencia, sino por el contrario buscar alternativas favorables para competir, con imaginación, acción y pasión.
- Hacer frente con emoción, y no sólo con preocupación, los desafíos del negocio, para subsistir, y luego crecer.
- Tomar conciencia y producir acciones en momentos de crisis, ya que ésta tiene fases negativas, pero también campos de oportunidades para encontrar soluciones.
- Ser emprendedor, innovador, creativo y tener confianza en sus gestiones si responden a criterios racionales y técnicos.
- Reemplazar constantemente la rutina por el espíritu creador e innovador.

Cuando nos referimos a un gerente creativo, no sólo debemos pensar en el funcionario que con ese título ejerce esta tarea.

Son, también, gerentes –aunque no se los denomine así- todas aquellas personas que tienen a su cargo un negocio, ya sea en carácter de dueños, socios o responsables de la conducción de una Pyme, así como de un comercio minorista.

El significado del término gerente creativo tiene que ver con la gestión profesional de "gerenciar" un negocio, acorde a los principios y técnicas que permitan un manejo eficiente de los recursos y oportunidades. El gerente debe ser:

- Competente
- Creativo

- Emprendedor
- Negociador
- Estratega
- Analítico
- Competitivo
- Negociador
- Flexible e innovador

Finalmente la creatividad gerencial se ocupa tanto del presente como del futuro del negocio. Toma decisiones y realiza actividades hoy, para lograr resultados mañana.

Ejercicio de interactividad

- ¿En párrafos anteriores indicamos nueve atributos que debe tener un gerente, o conductor creativo, cuáles de ellos están incluidos en su actual gestión y cuáles deberían ser incorporados o mejorados?
- ¿De las dieciséis actividades que indicamos precedentemente, con relación a las ocupaciones de un gerente creativo, cuáles son las que se realizan en su negocio?
- ¿Es posible que la conducción de su comercio incorpore aquellas actividades aun no desarrolladas? ¡Piense en sus aportes para la mejora de rendimientos!

Le sugerimos confeccionar un listado de lo que hace actualmente la conducción y otro listado de lo que convendría incorporar en un futuro de corto y mediano plazo. Fije un orden de prioridades, establezca plazos y desarrolle un programa de gestiones gerenciales que realmente serán la mayor contribución que puede esperar su negocio, para un futuro mejor.

3.7- Estrategias posibles para aplicar en Pymes

Ideas fuerza

Las estrategias son intenciones basadas en las oportunidades y amenazas del mercado, así como en las fortalezas, debilidades y restricciones de una empresa Pyme y de un comercio minorista. Las estrategias constituyen el alma y la inteligencia aplicada a los negocios, las operaciones son su nervio motor.

Un buen planteo estratégico del negocio permite acceder al éxito, aun cuando los recursos no sean totalmente satisfactorios.

Por el contrario, buenos recursos, amplia experiencia, buenos deseos y mucho trabajo, no facilitan resultados razonables, sin el marco de una adecuada estrategia.

En materia de recursos un negocio minorista, individual, tiene inferioridad de condiciones con relación a un negocios grandes o en cadena. En cambio en materia de elaboración de estrategias comerciales un negocio pequeño o mediano puede ser superior a un negocio grande. El mismo concepto es aplicable a empresas Pymes industriales, comerciales y de servicios.

Las estrategias definen qué hay que hacer en el mercado para lograr resultados satisfactorios. Marcan los caminos – políticas- e indican qué tipos de recursos deben utilizarse en las operaciones comerciales.

Las estrategias tienen por contenidos: objetivos, inversiones, políticas de acción, gestiones y resultados. Se ocupan de la organización del comercio, del mercado, del cliente, de la competencia y del futuro del negocio. La estrategia se ocupa del presente y del futuro, en el corto, mediano y largo plazo. La estrategia es la base de la conducción moderna y competitiva de un comercio minorista.

Cuando se habla de estrategia surgen distintas ideas que tienen relación con planes, objetivos, metas, políticas, caminos a seguir. A veces no se tiene una noción clara de su verdadero significado, y por ello se piensa que su aplicación no es posible en un negocio minorista.

Realmente, la estrategia es el cerebro del negocio. Por lo tanto, en ningún tipo de negocio puede faltar el cerebro.

La estrategia no sólo es posible en un comercio minorista, sino que es imprescindible para su subsistencia, crecimiento y rentabilidad.

Una estrategia es un plan que integra las principales intenciones de un comercio minorista en materia de objetivos, inversiones, políticas, actividades y resultados.

Fija prioridades y establece un ordenamiento de recursos, con el fin de actuar con anticipación y eficacia frente a los cambios del mercado.

Identifica oportunidades de negocios, evita amenazas y hace accesible la obtención de ventajas competitivas y resultados económicos exitosos.

Una estrategia comercial contiene, además, la secuencia ordenada y coherente de las acciones a realizar para concretar las metas y objetivos propuestos para el negocio.

Definiciones y términos usuales

Estrategia: Intención comercial para encarar la conducción de un negocio minorista y una empresa Pyme, basada en un análisis de oportunidades y amenazas del mercado, así como en la evaluación interna de fortalezas, restricciones y debilidades del comercio minorista.

Naturaleza de las estrategias: Son creativas, dependen del criterio del decisor o conductor, son flexibles, adaptativas e innovadoras. Tienen fundamentos y referencias que eliminan la mayor incidencia de improvisaciones y riesgos del mercado.

Contenidos de la estrategia: Definen objetivos del negocio, eligen políticas o caminos de acción, programan procesos y actividades para la obtención de metas y resultados.

Vigencia de las estrategias: Revisan y evalúan los desempeños del pasado, se ocupan del presente y proyectan gestiones y resultados para el corto mediano y largo plazo del negocio.

Tácticas o procedimientos: Expresan formas de realizar las operaciones, a diferencia de las estrategias son procesos más rígidos y repetitivos. Son herramientas.

Políticas: Cursos de acción, directivas para alcanzar metas, caminos alternativos elegidos para realizar gestiones.

Planes: Detalle ordenado de secuencias para aplicar estrategias y actividades con indicación de prioridades, recursos, tiempos y resultados esperados. Es un mapa de secuencias a desarrollar en un período establecido.

Preguntas o dudas que puedan surgir del capítulo

¿Qué está primero: el objetivo, o la estrategia?

Por definición señalamos que la estrategia es "intención", basada en factores externos e internos. Por lo tanto la estrategia define el qué hacer. Desde este punto de vista podemos tomar dos posiciones, ambas útiles y accesibles:

1. Primero se fijan los objetivos, luego las estrategias y por último se definen los recursos necesarios para implementar las estrategias y alcanzar los objetivos.
2. Como los recursos son siempre escasos y tienen restricciones, para elaborar estrategias , primero se fijan los recursos disponibles, luego se establecen las estrategias y como consecuencia de ello se fijan los objetivos.

Como se puede apreciar, en ambos casos las estrategias siempre están en el medio. Ya sea entre los objetivos y los recursos, o bien a la inversa.

Vale decir que las estrategias según este análisis nunca están primero. Sin embargo es también válido considerar que en alguna medida la estrategia define, tanto el objetivo como la inversión, porque ambos, generalmente, son productos de decisiones entre múltiples alternativas y, justamente, elegir alguna de ellas es una decisión estratégica, porque proviene de una intención fundada.

Conclusión: Sea primero el objetivo, los recursos o la estrategia, lo importante es el proceso de elaboración de las estrategias. Lo demás es variable y relativo.

Un objetivo sin estrategia es inaccesible. Una estrategia sin recursos es una ficción. Recursos sin objetivos, ni estrategias no tienen aplicación. Todos forman parte de un mismo proceso: la búsqueda de la creación de valores y beneficios. El orden de los factores no altera el producto. Todos tienen activa y esencial gravitación a los fines de la conducción del negocio minorista.

¿En qué consiste las estrategias para una empresa Pyme y un comercio minorista?

Las estrategias deben responder a estas preguntas, fijando intenciones y posiciones precisas con relación a:

1. ¿En qué mercado actuar?
2. ¿Dónde instalar geográficamente el local o locales de venta?
3. ¿En qué zonas geográficas o plazas generar ofertas y atender clientes?
4. ¿Cuáles serán los productos y/o servicios a trabajar?
5. ¿Qué proveedores y marcas, se elegirán?
6. ¿Qué segmentos de mercados serán atendidos y en qué proporción?
7. ¿Cuál debe ser el posicionamiento del negocio?
8. ¿Qué amplitud debe tener el local ó locales de atención al público?
9. ¿Qué diseño, equipamiento y ambientación deben tener los locales de venta?
10. ¿Qué características tendrán: depósitos, oficinas, lugares de ingreso de mercaderías y servicios del comercio?
11. ¿Qué tipo de cartelización interna y externa se utilizará?
12. ¿Cuáles son los objetivos de ventas por categorías de productos?
13. ¿Cuál es la rotación de inventarios esperada para cada categoría de productos?
14. ¿Cuál debe ser la utilidad bruta por categoría de producto comercializado?
15. ¿Cuál la incidencia de los costos fijos sobre la venta total?
16. ¿ Cuál debe ser la venta total del establecimiento, o de cada local?

17. ¿Cuál debe ser la venta por metro cuadrado de ocupación de espacio?
18. ¿Cuál debe ser el capital de trabajo a emplear en el negocio?
19. ¿Cuáles deben ser las inversiones en activos fijos, e instalaciones?
20. ¿Cuál debe ser la tasa de retorno del capital invertido?
21. ¿Qué cantidad y calidad de personal es necesario para el comercio?
22. ¿Cuál debe ser la tendencia en crecimiento de ventas y utilidades?
23. ¿Quién se ocupará de las funciones de gerenciamiento, compras, marketing, administración, personal, y ventas?
24. ¿Qué tipos de alianzas estratégicas se realizarán y cuándo?
25. ¿Qué programas de fidelización de clientes se utilizarán?
26. ¿Qué estrategias competitivas de ataque y defensa se emplearán?
27. ¿Cómo se actuará en casos de contingencias o problemas de continuidad u operaciones?

3.8- Empleo de Estrategias: ¿Cómo quién y cuando?

La estrategia es el alma de un negocio.

El negocio es un ente que tiene vida, intenciones, objetivos. Crea o destruye recursos y riquezas, administra oportunidades, asume riesgos.

La estrategia en nuestra comparación es el "alma"; los activos físicos son el cuerpo del negocio, vale decir sus recursos materiales.

¿Puede un cuerpo – en nuestra comparación con un negocio - pensar y tener vida, sin cerebro, ni alma, que lo haga funcionar?

El principal beneficio de la estrategia, en los negocios Pymes y comercios minoristas, es facilitar la capacidad de pensar, darle alma, e inteligencia comercial, para orientarlo por los mejores caminos que surgen de los recursos internos y las oportunidades y riesgos externos.

Las estrategias en su conjunto integran un plan, que sirve al negocio como un plano o mapa de recorrido para facilitar la más adecuada y eficaz elección, dentro de las distintas opciones posibles de decisiones y actividades.

A continuación detallamos los más importantes beneficios, que además de lo indicado anteriormente, aportan las estrategias para la subsistencia y crecimiento de un negocio Pyme:

1. Identifica oportunidades hacia las cuales dirigir las gestiones y destinar los recursos.

2. Evita riesgos previsibles.
3. Resuelve problemas manifiestos o latentes del negocio.
4. Facilita adecuarse a los cambios y tomar las decisiones de adaptación, en tiempo y forma.
5. Hace accesible detectar metas y objetivos coherentes y alcanzables.
6. Selecciona gestiones para lograr objetivos y resultados exitosos.
7. Fija prioridades y establece orden en las decisiones y actividades.
8. Sirve para detectar y generar ventajas competitivas.
9. Permite elaborar presupuestos de ventas, rentabilidad y manejo financiero del negocio.
10. Es un elemento de utilidad para hacer seguimientos, evaluaciones y controles para mejora continua de calidad de gestión y beneficios económicos.

Las estrategias contribuyen a responder estas preguntas mencionadas al desarrollar el tema de Plan de Marketing, vitales para la vida de un negocio, tanto en su presente, como para su futuro:

- ¿Qué somos como empresa comercial en el mercado?
- ¿Qué podemos ser, en base a fortalezas y limitaciones internas, así como a posibilidades de oportunidades y riesgos externos?
- ¿Qué queremos ser, en base a nuestros deseos y criterios?
- ¿Qué debemos ser como empresa de aquí al futuro, en el corto, mediano y largo plazo?

Ejercicio de interactividad

- ¿En una escala de uno a diez, en base a sus recursos, conocimientos, experiencias y resultados, cuántos puntos le asignara usted a su negocio al momento actual?
- ¿En base a un análisis de las fortalezas actuales que se pueden aplicar, así como a las debilidades que se deben mejorar, en el orden interno, más las oportunidades accesibles del mercado que se pueden aprovechar, a cuántos puntos más cree usted que puede llegar su negocio en: a) los próximos 6 meses y b) dentro de un año, siguiendo un criterio cauto y razonable?
- ¿Cuál es su expectativa más optimista en lo que puede llegar a lograr en puntaje, su negocio, siguiendo el método empleado anteriormente?

- ¿Con el aporte de una buena planificación estratégica, a qué puntaje cree usted que "debe" llegar su negocio en los próximos 3 meses, a los 6 meses y dentro de un año?
- ¿Qué ventajas competitivas adicionales le puede otorgar a su negocio un buen programa estratégico?

Todo negocio minorista, así como las Pyme deben tener un plan estratégico. Los responsables de la conducción del negocio deben elaborarlo.

Para ello pueden contar la ayuda de asesores externos, contadores, consultores en marketing, etcétera. También pueden usarse, como herramientas útiles, libros especializados o programas "on line", como éste, que por medios electrónicos sirven de apoyo y orientación para la elaboración de las estrategias del comercio.

Las experiencias propias y la continuidad en la formulación de estrategias generarán una habilidad técnica que aumentará progresivamente y se transformará en una destreza, adquirida a mediano plazo.

Antes del inicio de un ejercicio comercial, o si se trata de un nuevo emprendimiento, antes de la apertura del negocio, debe realizarse un programa estratégico que dé respuestas a los temas que en la parte anterior de "dudas y preguntas usuales" hemos detallado.

Las estrategias detalladas en el plan serán el punto de partida, para orientar las decisiones y operaciones; pero con el transcurso del tiempo y en forma permanente se realizarán ajustes e innovaciones a los programas previos.

Las estrategias no son leyes o reglamentos inamovibles, una vez que se los determinan. Por el contrario, son por naturaleza, flexibles y adaptativos a las circunstancias internas y externas del negocio. ¡Deben realimentarse constantemente! Caso contrario pierden vigencia y no sirven para concretar objetivos positivos.

Por estos motivos tenemos dos tipos de estrategias aplicadas a los negocios minoristas:
1. Las estrategias deliberadas: que son las formuladas previamente al inicio del programa.
2. Las estrategias emergentes: que son las nuevas estrategias adoptadas para concretar los fines no logrados con las estrategias deliberadas.

Los resultados conseguidos, las experiencias adquiridas durante la aplicación de las estrategias, así como los factores externos, como ser: competencia, situación del mercado, leyes, factores climáticos, etcétera, son las causales de las actualizaciones constantes que el comerciante debe tener presentes para tener estrategias actualizadas y coherentes con la situación del negocio.

No exageramos si decimos que, día por día, la función del gerenciamiento de un negocio Pyme exige una revisión y un replanteo de sus estrategias, para poder alinear su gestión a las realidades del mercado, los clientes y la competencia.

¿Cuáles son los contenidos estratégicos de un plan de negocios para Pymes y comercios minoristas?

Las estrategias en su conjunto están agrupadas en un plan, cuyas principales partes son:

1. Análisis de situación.
2. Elaboración Estratégica.
3. Programas de operaciones.
4. Evaluación y monitoreo de gestiones y resultados.
5. Retroalimentación: ajustes e innovaciones emergentes.

El análisis de situación revisa los resultados y gestiones anteriores, así como los problemas actuales que requieren soluciones inmediatas y mediatas. También es-

Etapas del proceso

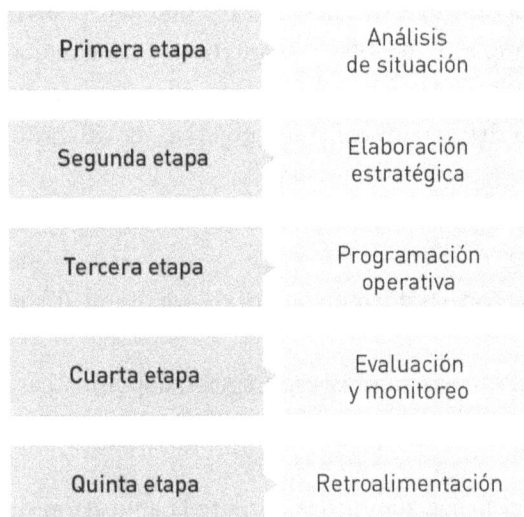

Primera etapa	Análisis de situación
Segunda etapa	Elaboración estratégica
Tercera etapa	Programación operativa
Cuarta etapa	Evaluación y monitoreo
Quinta etapa	Retroalimentación

tudia factores externos, como ser clientes, competencia, oportunidades y amenazas del mercado.

La elaboración estratégica se ocupa, como consecuencia de la respuesta a las 27 preguntas antes detalladas, de la mezcla de productos y negocios a realizar, del posicionamiento, de los segmentos de clientes a incorporar (target), de la promoción, del merchandising, de la publicidad, tele marketing, mailings, difusión, política de precios, y alianzas estratégicas.

3.9- Contenidos de un plan de negocios para Pymes

Ideas Fuerza

Un Plan de Negocios es un documento único que contiene toda la ideología de la empresa para alcanzar sus objetivos y metas en el mercado.

Expresa objetivos, estrategias, políticas, planes de acción, inversiones y resultados esperados.

Alcances: abarca el pasado, presente y futuro de corto, mediano y largo plazo.

Efectos: demuestra la factibilidad del plan.

Características: ensambla aspectos económicos, financieros y técnicos con variables cualitativas, recursos humanos, cultura organizacional, ética aplicada a los negocios, compromiso social empresario.

Sirve como guía para alinear en forma sistémica todas las estrategias, políticas y actividades de la empresa.

Es un barómetro para analizar en cualquier momento las gestiones y resultados obtenidos con las metas fijadas.

Permite reducir brechas entre lo esperado y lo obtenido, facilitando decisiones para una mejora continua.

La dirección superior elabora el plan de negocios con la participación de todos los sectores involucrados, a quiénes consulta previamente a tal fin.

El plan de negocios debe ser adaptado en forma continua según los factores condicionantes de orden externo e interno. Vale decir no es estático sino dinámico y flexible.

Un paradigma histórico señala que las empresas eficaces son las compañías destinadas al éxito y las que mejor sobreviven a los fuertes cambios.

Hoy en día, los grandes cambios de contexto y la velocidad con que estos se generan crean un escenario que exige el desarrollo de emprendimientos dinámicos, sensibles a los cambios del mercado y sus innovaciones, además de altamente flexibles en sus contenidos. Que puedan hacerse lugar en un terreno tan cambiante, sin verse con la incertidumbre del futuro, las amenazas de la competencia y los impactos de la globalización.

Es indispensable, para poder llevar adelante con éxito cualquier emprendimiento, contar con capital humano altamente capacitado. Conformar un equipo de trabajo que reúna en su totalidad tanto el "know how" del negocio, como las redes de contactos necesarias, que permitan penetrar en la industria objetivo, con ventajas competitivas que coloquen al emprendedor en posición de poder competir con las grandes corporaciones. Aquí no solo cuenta el capital económico, sino las ventajas competitivas basadas en el conocimiento de las personas, conocimiento del campo de juego, contactos formadores de opinión, manejo experto de las claves de éxito, etcétera.

El Plan de Negocios es una herramienta imprescindible para el emprendedor y parte fundamental de una futura o nueva empresa ("start-up") de cualquier emprendimiento que ambicione ser exitoso.

Según J. Timmons [1], son cuatro argumentos clave los que deben incluirse claramente en un Plan de Negocios:

1. Crear y agregar significativo valor al cliente final.
2. Resolver un problema significativo o descubrir una necesidad importante por la cual alguien está dispuesto a pagar un plus o extra.
3. Existencia de un mercado y con características de alta generación de dinero.
4. Acople apropiado entre el fundador y su equipo gerencial en tiempo y espacio con los mercados presentes, y con un buen balance riesgo / beneficio.

[1] TIMMONS, Jeffry A., "New Venture Creation", USA, McGraw-Hill, 1999

El plan contiene la visión y misión del negocio, el propósito y las estrategias que la empresa implementará para crecer. Pretende exponer la idea dentro de los términos más realistas, honestos y concretos posibles tal cual los entiende el emprendedor, sin por ello perder flexibilidad en la adecuación de la idea, la exposición de las debilidades, las fallas en la percepción del mercado, la tecnología usada, la estructura de financiamiento, el tamaño propuesto y el equipo tal como lo ven los inversores.

El Plan de Negocios debe desarrollarse para alcanzar eficientemente los objetivos. Debe fijar prioridades de realización, manejo de inversiones, dirección, gerenciamiento, metas, resultados a obtener, estrategias competitivas, posicionamientos, portafolio de negocios, alianzas estratégicas, además de incluir un eficiente Plan de Marketing, para operar en los mercados.

El Plan de Negocios, tiene un inicio planificado en forma deliberada, pero debe atender a procesos de ajustes permanentes, en función de las condiciones externas, así como de las señales de su propio desarrollo. Esto, como denomina Mintzberg 2, conforma el concepto de Plan de Negocios Emergente. En la práctica, las empresas trabajan continuamente con Planes Emergentes, después de haber elaborado su plan original deliberado.

Contenidos del Plan de Negocios

No existe, ni es conveniente que así lo sea, un modelo único de plan de negocios. En cada momento, en cada empresa y para cada mercado o sector de actividad, debe diseñarse un plan adecuado a las necesidades, objetivos, intereses y decisiones de la compañía.

Lo que sí podemos señalar son los elementos básicos que debe incluir todo plan de Negocios para cumplir con las finalidades precedentemente definidas.

Para Philip Kotler 3 el plan de negocios, dentro de la planificación estratégica, tiene siete pasos, a saber:

1. Visión y Misión del Negocio.
2. Análisis Foda. Fortalezas y Debilidades internas, Oportunidades y Amenazas Externas.
3. Formulación de objetivos y Metas: A dónde se quiere llegar.
4. Formulación Estratégica: Caminos a seguir para lograr las metas. Intenciones.

5. Formulación de Programas: Planes de actividad.
6. Implementación: Tiempo y forma de realización.
7. Retroalimentación y Control

Sintéticamente, detallaremos los procesos incluidos en cada una de las etapas enunciadas:

Visión y Misión:

La Visión

También definida en términos abstractos y literarios, como "los sueños en acción", constituye la perspectiva que los directivos de la empresa, tienen sobre los negocios a encarar. Integran su "feeling" y expectativas. Incluyen la perspicacia de detectar e interpretar señales que marcan el camino a seguir en términos de ideas. Por ello algunos autores, también la denominan como la ideología empresaria que marca el destino de corto, mediano y largo plazo a recorrer.

La Misión

A partir de la definición de la visión, la alta gerencia o los responsables máximos de la empresa establecen formalmente el "mandato" o sea los lineamientos precisos de las actividades a emprender. Constituyen el mapa de recorridos fijado para la organización.

Para una mejor comprensión podemos hacer una comparación, con las distancias del caso: la visión está contenida en nuestra Constitución Nacional, la misión está en los Códigos, Leyes y Normativas en vigencia. Nada puede estar fuera de la visión, pero es necesario contar con la misión para poner en marcha cualquier proyecto. Muchas personas y empresas tienen visiones, pero fallan por falta de misiones.

Análisis FODA

Es un inventario de las "fortalezas", "oportunidades", "debilidades" y "amenazas de la empresa". Vale decir un detalle de las circunstancias emergentes del medio interno y externo de la empresa, necesarios para definir el Plan de Negocios.

Formulación de Objetivos y Metas

Consiste en establecer con precisión los objetivos a alcanzar, así como el cumplimiento de las etapas necesarias para llegar a los mismos – metas-.

Los objetivos y metas deben tener fundamentos, no ser simples expresiones de deseos y deben basarse en la información resultante de las etapas previas antes detalladas. Aquí vale un principio tradicional sobre este tema que dice: "es preferible apostar a la perfección y fallar, que apostar a la imperfección y acertar".

Sin objetivos la organización carece de sentido de orientación para alinear sus actividades a un logro conjunto y participado. Hay también un adagio que señala al respecto que: "cualquier camino es bueno, cuando no se sabe dónde llegar." Precisamente el Plan de Negocios marca el camino donde hay que llegar, como objetivo de su existencia y aplicación.

Formulación Estratégica

Esta parte del Plan de Negocios expresa las estrategias de la empresa, vale decir las grandes líneas de intenciones que determinan el accionar de la empresa. Dentro de las estrategias que definen el "qué hay que hacer" encontramos:

- Estrategias de Portafolio de negocios y productos.
- Estrategias de Mercados y segmentos donde actuar.
- Estrategias de Posicionamiento y Diferenciación.
- Estrategias Competitivas.
- Estrategias de Producción y Abastecimiento.
- Estrategias de Inversiones.
- Estrategias Financieras.
- Estrategias Tecnológicas.
- Estrategias de Recursos Humanos y Cultura Empresaria.
- Estrategias de Dirección y Gerenciamiento.
- Unidades Estratégicas a integrar.
- Alianzas Estratégicas.
- Estrategias de Crecimiento.
- Estrategias de Responsabilidad Social.
- Estrategias de Mantenimiento de Activos.
- Estrategias de Seguridad.
- Estrategias para cubrir riesgos previsibles.

Formulación de Programas

Aristóteles dijo 300 a.d.c. que las estrategias, ideas, que no se cumplen son demagógicas y que las acciones fuera de estrategias o intenciones fundadas, son aventuras de difícil concreción.

Los programas incluyen los procesos y líneas de conductas a seguir en toda la empresa para hacer viables los objetivos y estrategias delineadas. Vale decir que los programas contienen el "cómo actuar", una vez definido el "qué hacer estratégico". Por otra parte, mientras que la estrategia genera la "eficacia", los programas permiten obtener la "eficiencia".

Los programas son funcionales, vale decir programas de producción, de administración, de finanzas, de personal, de seguridad, de mantenimiento, y en su conjunto para el área comercial el "Plan de Marketing".

La Implementación

Dentro del Plan de Negocios se ocupa de establecer cómo poner en marcha, los programas, en tiempo y forma. Incluye cronogramas y lo que la consultora Mc Kinsey, (N.Y.USA) líder en management de avanzada, definió como la aplicación de las 7 "S" para lograr la eficiencia operativa en una organización: traducidas al español las siete "s", son: Estructura, Estrategias, Habilidades, Personal, Estilo, Sistemas y Cultura Compartida.

Retroalimentación y Control

Son los procesos de evaluación de la planificación, la gestión y los resultados, para analizar desvíos y tomar decisiones ajustadas que permitan corregir defectos y capitalizar oportunidades. Forma parte del proceso necesario para lograr mejoras continuas. Es el monitoreo a través de sistemas de tableros de comando y control. La auditoria contable y la auditoría de negocios y marketing son mecanismos idóneos a este fin, Puede ser efectuada por responsables internos o externos de la empresa, o también en forma conjunta.

Diferencias y relaciones entre: Plan de Negocios, Plan de Marketing y Plan de Ventas

El plan de negocios es la base y antecedente para los planes de marketing y ventas. Primero hay que pensar y definir la organización, objetivos, estrategias, políticas, inversiones, planes de acción y resultados esperados de "toda la empresa". Luego, dentro de esos lineamientos, diseñar el mapa de acción en el mercado y recién finalmente como consecuencia de lo precedente programar las actividades de ven-

114

tas. En definitiva el plan de negocios tiene un alcance global de la gestión de la empresa, mientras que los siguientes planes son específicos de sus funciones en el mercado y la operación de ventas.

No puede existir un plan de negocios que sirva para ser aplicado sin la elaboración ulterior de los planes de marketing y ventas. En sentido contrario, no puede esperarse resultados eficaces de un plan de marketing y de ventas sin la relación con un plan integral de negocios.

Síntesis de conceptos y conclusiones sobre el plan de negocios

Finalmente, se resumen conceptos y etapas del proceso de un Plan de Negocios.

Alcances de un Plan de Negocios
- Transforma ideas en abstracto en realidades posibles.
- Tiene obstáculos y caminos inciertos por recorrer, pero contiene antídotos y soluciones.
- Es generador de ideas que convierte en acciones accesibles.
- Administra recursos humanos, técnicos materiales y económicos, financieros para gestiones y resultados.
- Convierte visiones y propuestas en resultados alentadores y positivos.
- Ataca la incertidumbre y evita la inercia.

Características de un Plan de negocios
- Perspicacia.
- Inteligencia.
- Flexibilidad.
- Adaptación.
- Consistencia.
- Fundamentación.

Razones de un Plan de Negocios.
- Asegurar que un negocio tenga sentido económico-financiero y operativo, antes de su puesta en marcha, o inicio de un nuevo ejercicio.
- Plantear la forma más eficiente de llevar a cabo un proyecto en sus ámbitos internos y externos y administrativos.

- Identificar oportunidades y amenazas externas.
- Reconocer y mejorar fortalezas y debilidades internas.
- Evaluar el impacto de variables inciertas y problemas antes de su concurrencia, con el consiguiente ahorro de recursos.
- Coordinar estrategias y acciones en función de prioridades y tiempo.
- Prever necesidades de recursos.
- Evaluar el desempeño de un negocio en marcha para su conducción eficaz en el tiempo.
- Generar la puesta en marcha de un nuevo emprendimiento.
- Tener un documento de un proyecto convincente ante potenciales inversores, socios y/o compradores.

Contenidos de un plan de negocios para Pymes y negocios minoristas

Hemos analizado opiniones y propuestas de diferentes autores clásicos en esta materia. Sin embargo, en base a la experiencia de nuestras empresas y mercados planteamos ahora un modelo que entendemos tiene ventajas prácticas y es más accesible para nuestras Pymes y Comercios Minoristas. Los contenidos son:

1. Síntesis de conclusiones.
2. Antecedentes y evolución hasta el presente.
3. Análisis de situación de la empresa y el mercado.
4. Análisis F.O.D.A.
5. Estudio de la competencia y las fuerzas del mercado (poder de negociación de compradores y proveedores, sustitutos, nuevos competidores potenciales).
6. Estrategias de la empresa, Objetivos y Metas.
7. Factores críticos de éxito y ventajas competitivas.
8. Plan de Marketing.
9. Recursos Humanos.
10. Tecnologías a emplear en distintas áreas funcionales.
11. Recursos e inversiones.
12. Factibilidad técnica.
13. Factibilidad económica y financiera.
14. Análisis de sensibilidad (capacidad para absorber cambios imprevistos).
15. Dirección y Gerencia.

16. Responsabilidad y compromiso social empresario.
17. Análisis de riesgos y planes de contingencia.
18. Conclusiones.
19. Anexos.

Preguntas o dudas que puedan surgir del capítulo

¿Siempre las Pymes y Comercios Minoristas deben tener un Plan de Negocios?
Toda actividad o nuevo emprendimiento se basa en un conjunto de ideas, expectativas, conocimientos y experiencias que se ponen en acción para alcanzar las metas propuestas. La diferencia entre este conjunto de ideas y un verdadero Plan de Negocios, además que el primero está sólo en la cabeza de sus responsables, en lugar de ser un documento escrito siguiendo el orden y con los contenidos indicados en este capítulo, es que el plan formal asegura un cumplimiento con más eficiencia y evita errores y omisiones que luego afectan a los resultados finales. El Plan de Negocios sirve para alinear todas las gestiones de la empresa o comercio y permite reducir las brechas entre lo esperado y lo logrado.

¿Quiénes deben elaborar el Plan de Negocios?
Los dueños, socios, y asesores, con la consulta previa a todos los niveles de la empresa. La redacción puede eventualmente encargarse al contador o asesores como una forma más accesible de realización.

¿Cuándo hay que realizar un Plan de Negocios?
Hay dos instancias una es la primera que se encuentra antes del comienzo de una actividad o un nuevo ejercicio comercial. La segunda es el seguimiento que debe realizarse como mínimo una vez por mes para ajustar el plan y cerrar brechas entre lo planificado y lo logrado, teniendo en cuenta factores internos y externos de la empresa.

¿Cuáles son las ventajas y beneficios de un Plan formal de Negocios?
Los contenidos precedentemente detallados de este capítulo indican las ventajas y beneficios de un Plan de Negocios Formal. Podemos sintetizar las mismas en los siguientes aspectos: a) asegura una operación más eficiente, eficaz y competitiva; b) permite evitar riesgos de errores y omisiones que alejan a la concreción de

los objetivos, c) es un factor de generación de mejoras continuas al cerrar brechas entre lo pensado y la realidad de lo obtenido.

Ejercicio de aplicación

En primer término verifique si su plan de negocios, pensado mentalmente puede traducirse en un documento escrito que permita un seguimiento y ajuste permanente. Si no es así trate de realizarlo lo más rápido posible con la ayuda o consulta de su contador u asesores que le facilitarán la tarea, de fácil y rápida ejecución.

Si tiene ya un Plan de Negocios formal y escrito verifique si sigue los lineamientos indicados en este capítulo. Le ayudarán a conducir sus negocios en forma más ordenada y coherente para resultados y gestiones más rentables.

Un plan formal de negocios es como la "columna vertebral" del organismo humano. Sustenta y permite el buen funcionamiento de todos los órganos y partes del sistema de su empresa. Muchos creen que es sólo una formalidad, pero realmente es un "motor" que da fuerza y energía para coordinar y ejecutar operaciones, sin los riesgos propios de no contar con sus aportes.

Si usted piensa que otros colegas de su sector no tienen un Plan de Negocios, no los imite. Rápidamente elabore el suyo que le dará grandes ventajas competitivas y mayores utilidades.

3.10- Marketing Estratégico y Operativo para Pymes y Comercios Minoristas

Ideas fuerza
- El marketing es una función y no una opción para usarla o no usarla. Vale decir forma parte de todo sistema de negocios. Si no se lo emplea es muy difícil y costoso lograr los resultados esperados.
- El marketing, tanto estratégico como operativo, es accesible para aplicar en Pymes y negocios minoristas.
- La identificación de oportunidades comerciales, así como de amenazas y riesgos del mercado es una función propia del marketing.
- El marketing estratégico, en lenguaje actualizado, es como un "G.P.S" que nos hace conocer el mapa de recorrido del negocio y sus caminos más accesibles.

- El marketing operativo ofrece las herramientas, procedimientos y actividades para conducir el negocio, dentro de los lineamientos del marketing estratégico

- El marketing estratégico indica "QUÉ" hay que hacer y produce la eficacia. El marketing operativo se ocupa de los procedimientos y actividades para implantar las metas y objetivos en el mercado. Nos brinda el "CÓMO" actuar para lograr la eficiencia y los resultados.

- Las Pymes y los Comercios Minoristas deben emplear primero el marketing estratégico para elegir qué hacer y de inmediato el marketing operativo para hacerlo. Ambos se retroalimentan constantemente.

- En los emprendimientos personales y pequeñas empresas y comercios, ambas funciones están a cargo de sus propietarios o responsables. En las medianas y grandes empresas Pymes y Comercios de mayor magnitud las funciones están divididas entre distintos ejecutivos.

- A veces las funciones estratégicas y operativas de marketing son espontáneas o responden a impulsos circunstanciales. Lo adecuado en todo tipo de Pymes es que el marketing debe ser previamente "pensado" y convenientemente planificado.

- El marketing estratégico y el operativo operan como elementos de control para establecer las brechas entre lo planificado y lo gestionado y logrado. De esta manera permite medir gestiones y resultados en el mercado.

- El marketing estratégico como el operativo se ocupa tanto de factores internos de la empresa Pyme, como de variables externas del entorno.

La palabra marketing, es de origen francés y fue luego adoptada y utilizada en países anglosajones que la aplicaron como significado de "actividades en el mercado". Podemos en términos prácticos indicar que marketing expresa de idea de "trabajar en el mercado".

Esta introducción sirve para entender porqué las Pymes y Comercios Minoristas deben utilizar estas herramientas y procesos técnicos para facilitar su actividad y concretar negocios. Muchos piensan que el marketing es privativo de las grandes empresas, que son las que precisamente la emplean con mayor intensidad, pero en realidad es una función válida y necesaria para gestiones personales, pequeñas y medianas empresas y negocios minoristas, como para todo tipo de organizaciones, con y sin fines de lucro.

¿En qué consiste el marketing? Hay muchas formas de explicarlo, pero la que nos resulta más accesible y práctica es la que indica que: "es pensar y realizar un negocio en función del mercado, los clientes y la competencia".

Hay distintas clasificaciones del marketing, según la naturaleza de sus funciones, pero la más representativa es la que agrupa estas dos categorías: Marketing Estratégico y Marketing Operativo.

El marketing estratégico se encarga de las tareas "soft" o sea abstractas y de inteligencia. Toma decisiones en base a intenciones fundadas para elegir, entre diferentes opciones las más adecuadas a los fines de la empresa. Construye el "mapa" de lo que se debe hacer. Vale decir estable el "QUE" del negocio en forma de una planificación que establece prioridades y pasos a seguir para actuar en el mercado.

Concepto

Es la función de empresas, organizaciones y personas que se ocupa de tomar decisiones para la generación de ofertas destinadas a producir soluciones, beneficios, ventajas y satisfacciones de recíproco interés para clientes, y oferentes. Identifica, selecciona y planifica ideas, bienes y servicios para capitalizar oportunidades del entorno y sobrellevar amenazas y riesgos del mercado. Se ocupa de implantar sistemas de responsabilidad social y ambiental.

Características

Define la política de negocios. Expresa las intenciones que plasma a través de la visión y la misión de la organización para actuar en los mercados. Por su naturaleza no es estructurado, administra la abstracción y se ocupa de la innovación y el cambio con criterios de creatividad, globalización y competitividad.

Alcances y contenidos

El marketing estratégico cubre las siguientes actividades, dentro de las funciones indicadas en la definición precedente:

- Diseña y establece la política de negocios.
- Elabora la visión y la actualiza según las circunstancias y requerimientos del mercado.
- Establece la misión acorde a la visión.
- Planifica los objetivos, metas, inversiones y presupuestos a utilizar para el desarrollo del negocio y las actividades de comercialización. Participa en el Plan de Negocios.

- Fija los criterios de segmentación y posicionamiento.
- Diseña programa de investigación e inteligencia comercial.
- Marca la política de portafolio de productos y marcas, introducción y retiro de los mismos.
- Se ocupa de las ventajas y estrategias competitivas.
- Interviene en el proceso de Alianzas Estratégicas, M&A.
- Incorpora transversalmente en su área gestiones de R.S.E. y Ambiental.
- Elabora planes de contingencia.
- Define estrategias para épocas de crisis.

Marketing Operativo

Definido el "qué" del negocio a través del marketing estratégico, corresponde poner en acción la gestión en el mercado. Para ello el marketing operativo se ocupa de las variables controlables que utilizará la comercialización. Ellas son:

- La gestión del producto/servicio.
- El portafolio y familia de productos.
- La logística de la distribución.
- Las comunicaciones integradas de marketing (promoción de ventas, publicidad, difusión, merchandising, marketing directo, eventos).
- El manejo de la fuerza y actividades de venta personal directa o indirecta.
- Las políticas de precio y condiciones de venta.

Diferencias con Marketing Operativo

En una secuencia de orden primero se establecen los lineamientos del marketing estratégico y como consecuencia de ello, para su implementación se planifica el marketing operativo. En su impacto en los resultados la gravitación del marketing estratégico es superior al operativo, pero no hay marketing estratégico sin marketing operativo y viceversa. Defectos u omisiones del marketing estratégico no se resuelven con la eficiencia del marketing operativo.

El marketing estratégico aporta la eficacia y el operativo la eficiencia en las gestiones.

El marketing estratégico es no estructurado y el operativo es estructurado o semiestructurado.

El marketing estratégico se ocupa de las intenciones y decisiones del negocio, el marketing operativo de la acción para su concreción.

El marketing estratégico identifica y elige los caminos más convenientes para seguir. El marketing operativo los recorre y ejecuta.

El marketing operativo se ocupa de las gestiones del Producto, la Logística, La Impulsión, del Precio y la Administración de sus respectivos desarrollos.

El marketing estratégico se ocupa de las ideas y propósitos que involucran al manejo de todas las variables del negocio en el mercado para generar eficacia, rentabilidad y competitividad. Constituye el "alma" del negocio.

El marketing estratégico establece y planifica acciones de corto, mediano y largo plazo en el mercado, el marketing operativo utiliza procesos para una gestión eficiente en el corto plazo

El marketing estratégico tiene una visión sistémica y holística (sólidamente integrada) del negocio. El marketing operativo es más especializado y profundiza la gestión. El marketing estratégico tiene un alcance global del negocio. El operativo descentraliza las actividades para su ejecución particular.

Diferencias entre Marketing y Ventas

El proceso de marketing es un sistema integrado, con distintas funciones entre las cuales se encuentra la de ventas. Por lo tanto marketing es el conjunto de decisiones y actividades, mientras que ventas se ocupa del contacto con el cliente para producir la concreción del negocio. En una metáfora relacionada con lo que es un automóvil, podemos decir que marketing es el motor que produce la energía y pone en funcionamiento distintas partes que lo componen, en forma armónica e integrada, mientras que ventas es la parte específica del movimiento que traslada el vehículo hacia su destino, que es la transacción comercial final.

No hay marketing sin ventas ni ventas sin marketing. Ambas funciones están íntimamente relacionadas pero diferenciadas en sus roles y gestiones.

Definiciones y términos usuales

Segmentación: Grupos de clientes que tienen expectativas y condiciones homogéneas para generar demandas de productos y servicios. El mercado está dividido por naturaleza. La función del marketing es identificar y elegir los segmentos en los que actuar.

Target: Blanco del mercado o segmento objetivo al que se dirigen diferentes ofertas de productos y servicios. Hoy se emplea el término "targeting", como actividad continua de seleccionar, incorporar o desechar segmentos, según oportunidades y amenazas del mercado.

Variables no controlables: Elementos externos a la empresa que deben ser evaluados para adaptar estrategias y operaciones. Son, entre otras: Entorno, Competencia, Conducta de los clientes. Estados de naturaleza. Leyes y reglamentos oficiales. Las variables no controlables operan como antecedentes de las variables controlables. Vale decir éstas últimas deben adaptarse a las primeras.

Variables controlables: Son aquellas que dependen de las decisiones de la empresa: producto, logística de distribución, comunicaciones integradas de marketing, fuerza de ventas, precio y condiciones de venta.

Alianzas estratégicas: Acuerdos con clientes, proveedores, canales de distribución, fuentes de financiamiento y competidores para desarrollar en forma compartida gestiones de común interés.

Posicionamiento: Grabar una imagen exclusiva, distintiva y superadora de la empresa, la marca, el producto, el local de ventas o el personal de la empresa, en la mente del cliente. Cuando no existe un posicionamiento la empresa carece de identidad, vale decir no tiene características que justifiquen porqué el cliente debe preferirla a otras opciones.

Preguntas o dudas que puedan surgir del capítulo

¿Es posible emplear el marketing en emprendimientos personales, pequeñas Pymes o comercios minoristas?
Desde ya. Es una función imprescindible que en la práctica muchas veces se realiza sin saberlo. Lo importante es planificarlo. Vale decir "pensarlo" antes que improvisarlo.

¿Cuáles son los resultados efectivos de la utilización del marketing?
En principio identificar oportunidades de negocios para desarrollarlos, así como detectar riesgos y amenazas para evitarlas o reducirlas en su impacto. El marketing genera valor para la empresa, aumenta su imagen y activo comercial y especialmente permite obtener mayor volumen de soluciones, beneficios, ventajas y satisfacciones para la empresa.

¿Cómo hacer para comenzar a aplicar el marketing en una Pyme?

Muy sencillo tomando los conocimientos que brindan obras como ésta u otras de su tipo. Consultando con asesores o empresarios que ya lo aplican. Un viejo refrán indica que "el camino se hace andando". Vale decir comenzar a ejecutarlo y mediante correcciones sucesivas perfeccionarlo. Nunca improvisar, sino ajustarse a lineamientos existentes y fáciles de conseguir e incorporar.

¿Cada cuánto tiempo hay que realizar o revisar los planes de marketing?
Constantemente. El mercado, los clientes y la competencia al igual que las condiciones del entorno cambian permanente. Si su plan no está actualizado pierde vigencia y poder de realizaciones.

¿Puede la acción de ventas reemplazar al marketing?
De ninguna manera, como lo señalamos precedentemente son funciones dependientes unas de otras. Sin marketing no hay ventas eficientes, eficaces y competitivas. Excepcionalmente pueden generarse ventas sin marketing, pero son casos muy particulares que no pueden tenerse en cuenta. Tanto Pymes, como otras actividades de negocios minoristas deben realizar marketing, para producir ventas rentables, sustentables y de calidad para crear, mantener y conquistar clientes.

Ejercicio de aplicación: interactividad

Si su empresa tiene marketing planificado y en acción, analice si se ajusta en todas sus funciones a los lineamientos de este capítulo.

Si todavía no utiliza marketing "formal" le sugerimos seguir las recomendaciones precedentes para comenzar a aplicarlo gradualmente, pero siempre mediante planes. Entienda que el cliente es el activo estratégico más importante de su negocio.

Comience a realizar planes para mantener y satisfacer mejor a los mismos. Piense como incorporar y conquistar nuevos clientes potencialmente rentables.

Consulte con su personal y con sus asesores, inclusive su contador, para alimentar los planes de marketing. Los proveedores pueden contribuir con información de valor. Utilícelos como abastecedores de ideas y caminos a seguir. Es parte de su compromiso con la empresa cliente y lo harán con placer y solvencia.

Cámaras empresarias, revistas técnicas, instituciones educativas de distinto nivel organizan permanentemente cursos de marketing. Es conveniente que su empresa esté presente en los mismos para facilitar su productivo empleo.

Este libro es una guía eficaz para la Dirección y Gestión de Marketing. Empléelo constantemente. Le ayudará a resolver problemas y contribuirá a incrementar e nivel de sus decisiones exitosas.

3.11-Cómo elaborar un Plan de Marketing en empresas Pymes

La base para la confección de un Plan de Marketing está en la información disponible de orden interno y externo, así como los datos y conocimientos que se puedan recabar de terceros.
La información de un Plan de Marketing produce conocimientos y éstos a su vez alimentan a tecnologías, estrategias y procesos a utilizar. Finalmente se consigue plantear en esta secuencia de sus contenidos: decisiones, políticas y actividades inteligentes para un negocio viable rentable y sustentable en el tiempo.

Para quienes tienen un plan anterior el nuevo plan de marketing no puede ser un mero ajuste o ampliación de lo precedente (como por ejemplo incrementar un 5% la participación del mercado, o las utilidades por ventas) En cada nueva elaboración hay que considerar las nuevas oportunidades y amenazas del mercado, así como tener en cuenta un nuevo análisis de situación.

Las consignas básicas para la elaboración de un plan de marketing parten de estos interrogantes a los cuales debe responderse en forma actualizada y con los fundamentos renovados que lo acrediten:

¿Qué somos en la actualidad como empresa en forma interna y externa?
Esta pregunta debe contestar temas relacionados con la infraestructura de la Pyme o Comercio Minorista y debe dar lugar a un juicio objetivo que explique las fortalezas, debilidades de la organización y su cadena de valor: a) esquema de organización; b) capital de trabajo; c) recursos humanos; d) tecnologías utilizadas; e) abastecimiento; f) logística de in-puts y out-puts, o sea just in time del ingreso de insumos, mercaderías, servicios y su ulterior entrega; g) operacio-

nes de producción, mantenimiento, ventas, cobranzas, logística de distribución; h) naturaleza, bondades o debilidades del marketing empleado; i) servicios al cliente j) nivel o potencia competitiva.

¿Qué queremos ser en el futuro?

Las empresas para subsistir en el mercado deben proyectarse en el tiempo y definir cual es su rumbo hacia delante. No pueden repetirse o quedarse en el pasado, aun cuando éste haya sido exitoso. Los mercados, los clientes, la competencia y las oportunidades y amenazas del mercado cambian constantemente y hay que adaptarse mediante planes racionales e inteligentes que abran los difíciles caminos del futuro. Por ello el Plan de Marketing debe ocuparse de "diseñar el futuro esperado".

¿Qué podemos ser como empresa en el mercado?

La conducción de las Pymes, como todo tipo de empresa comercial debe medir sus fortalezas y debilidades para conocer su capacidad para alcanzar los objetivos planificados para el futuro. En esta parte el Plan de Marketing debe fijar los límites mínimos y máximos de los atributos de la infraestructura empresarial para poder optar a los objetivos y metas que se desean alcanzar. Lo contrario implica lanzarse hacia una aventura que casi siempre es de resultados negativos. Conocer las capacidades y limitaciones es esencial para la dirección de empresas Pymes. No vale el voluntarismo, o la ambición infundada.

¿Qué debemos ser como empresa eficiente, eficaz, rentable y competitiva?

Aquí radica la esencia de los contenidos del Plan de Marketing. Marcar los lineamientos de las ideas, proyectos, inversiones, procesos, objetivos, metas y resultados esperados, para conducir los negocios a resultados razonables y rentables, sin riesgos que condicionen su continuidad en el tiempo o su estructura de beneficios y de capital de trabajo.

Contenidos de un Plan de Marketing

No existe un modelo exclusivo de Plan de Marketing. Cada empresa y cada responsable de su elaboración deben diseñar el Plan "a medida" de la compañía, el momento, los recursos y los factores condicionantes de adaptación. Un plan se alimenta con estos elementos. Nunca un Plan alimenta la realidad o la oportunidad que está en el contexto.

Sus pasos son:

- Ideas, Valores y Propósitos de los propietarios, accionistas y/ o ejecutivos.
- Análisis de situación.
- Diagnóstico.
- Formulación estratégica del negocio.
- Objetivos de corto y mediano plazo.
- Planificación operativa en el mercado.
- Resultados esperados y presupuestos económicos financieros.
- Inversiones.
- Estructura de organización.
- Auditoría, evaluación y control.
- Planes de contingencia.

Contenidos de un plan de marketing para Pymes y Comercios Minoristas

1. Ideas, Valores y Propósitos de los propietarios, accionistas y/o ejecutivos.
   Esta parte del plan detalla cuáles son las ideas que con relación a la empresa y los negocios tienen sus responsables de conducirla o crearla. Se nutre de pensamientos, expectativas, e intenciones personales y grupales. Se corresponde con la visión del negocio. Es importante incluirla en el plan, porque explica los lineamientos y motivaciones que guían los restantes pasos.

2. Análisis de situación
- Mercado.
- Clientes.
- Evolución de ventas por categorías de productos.
- Rotación de inventarios.
- Utilidades brutas y resultados finales netos.
- Liquidez y endeudamiento.
- Competencia : estrategias e impactos.
- Principales problemas que requieren decisiones estratégicas y operativas.
- Oportunidades del mercado, de los clientes, de la competencia, que deben capitalizarse mediante estrategias y acciones operativas.

- Amenazas y riesgos del entorno.
- Leyes y reglamentos.
- Oportunidades y amenazas derivadas de la globalización.
- Impacto de crisis nacionales e internacionales.
- Innovación tecnológica.

3. Diagnóstico

   En base al desarrollo de la etapa anterior se hará un diagnóstico, vale decir una descripción de la realidad de la empresa, su negocio, sus problemas y su situación competitiva incluyendo juicios de valor objetivo sobre estos temas y la proyección de la empresa en materia económica y financiera.

4. Formulación estratégica del negocio

   En esta parte del plan se enunciarán todas las estrategias de marketing anteriormente indicadas en los alcances y contenidos del marketing estratégico (ver página ....) a las que se incluirán las estrategias a emplear para las variables controlables: Producto, Logística de Distribución, Comunicaciones Integradas de Marketing, Fuerza de Ventas y Política de Precios y condiciones de ventas.

5. Objetivos y Metas de marketing a corto y mediano plazo
- Clientes a conquistar.
- Clientes inactivos a reactivar.
- Clientes perdidos a reincorporar.
- Posicionamiento a mantener o mejorar.
- Participación de mercado zonal y regional.
- Ventas por categorías de productos.
- Ventas totales por local.
- Rotación de inventarios por categorías (líneas, referencias) de productos.
- Inversiones en capital de trabajo y en activos fijos.
- Utilidad bruta por categorías de productos.
- Utilidades brutas y netas finales del negocio.
- Retorno de inversión sobre capital propio.
- Alianzas estratégicas a realizar con otros comercios, proveedores u otros.
- Manejo de la innovación.

- Fortalecimiento y creación de marcas.
- Acciones de responsabilidad y compromiso social empresario.
- Fortalecimiento de la imagen de la empresa y su valor comercial y patrimonial.

6. Planificación operativa en el mercado
- Cronograma de acciones de promoción, merchandising, telemarketing, mailings, publicidad, ventas a domicilio o a empresas, con visitas personalizadas.
- Capacitación para todo el personal, incluyendo la dirección del negocio.
- Evaluación y control de estrategias, gestiones y resultados.
- Actualización periódica del plan de marketing.
- Benchmarking: análisis de las mejores prácticas comerciales de otros negocios líderes, elegidos por sus virtudes, para aprender y adaptar sus procesos, para mejora continua en la gestión del negocio propio.
- Administración contable e informática de las operaciones para seguimiento, evaluación y control.
- Acciones para ataques y defensa competitiva.
- Negociaciones con proveedores y clientes para compras, ventas y generación de utilidades y liquidez financiera.
- Gestión para desarrollar alianzas estratégicas con otros comercios, con proveedores e instituciones de interés para el comercio.

7. Resultados esperados y Presupuestos económicos - financieros
- Planillas con detalle de ventas, costos, utilidades por mes y por ejercicio.
- Planillas con detalle de ingresos y egresos financieros para determinar flujo de fondos líquidos.
- Planillas con detalle de rotación de inventarios por categorías y referencias de productos.
- Planillas con detalle de ventas, utilidades y flujo de fondos por categorías de productos.
- Planillas con detalle de inversiones en activos fijos y capital de trabajo.

8. Inversiones
- Programa de inversiones a realizar.
- Fuentes propias y de terceros.
- Requerimientos en tiempos, costos y condiciones.

9. Estructura de organización
- Dirección y gerencia.
- Funciones, responsables.
- Organigramas e interrelaciones.
- Política de retribuciones, premios e incentivos.

10. Auditoría, evaluación y control
- Sistemas y responsables de procesos internos y externos.
- Periodicidad de actualización.
- Usos y aplicaciones, Destinatarios y alcances.

11. Planes de contingencia
- Eventos de más probable ocurrencia negativa que deben ser respondidos con determinadas estrategias emergentes a identificar con precisión (proveedores, mercados, clientes, leyes, condiciones y/o accidentes climáticas, inclusive casos de emergencia como ser reemplazos de personal, socios, u otras circunstancias: r incendios, robos, etcétera.
- Hechos provenientes de acciones competitivas no contempladas en los planes elaborados.
- Cambios en políticas gubernamentales, impuestos, reglamentos, etcétera.
- Cambios en tecnologías de aplicación en el negocio y en el comercio particular.
- Seguimiento de impactos de crisis nacionales e internacionales.

Ejercicio de interactividad

- ¿Qué información interna es de utilidad para confeccionar un plan estratégico?
- ¿Qué conocimientos y datos del mercado pueden utilizarse para elaborar estrategias de negocios?
- ¿Qué información de los clientes es necesaria para un plan de marketing?
- ¿Qué datos de la competencia, directa e indirecta, son útiles para confeccionar estrategias?
- ¿Cuáles son sus criterios, experiencias y expectativas con relación al futuro deseado para su comercio, que pueden incluirse en un plan estratégico?
- ¿Qué tipos de objetivos con relación a compras, ventas, rentabilidad y situación financiera del negocio, debe contener su plan estratégico?

- ¿Cuál será la proyección de los presupuestos económicos financieros 1; 2; 3; ó más años?

3.12- Beneficios y aportes de la estrategia en los negocios

En el capítulo 3.7 nos ocupamos de las estrategias posibles para aplicar en Pymes. Con el complemento de los capítulos subsiguientes llegamos a la instancia de poder definir con precisión los beneficios y aportes reales de las estrategias en los negocios Pymes y comercios minoristas, que detallamos a continuación, con el propósito de su incorporación en la Dirección y Gestión de Marketing y Ventas.

La estrategia es el alma de un negocio

El negocio es un ente que tiene vida, intenciones, objetivos. Crea o destruye recursos y riquezas, administra oportunidades, asume riesgos.

La estrategia en nuestra comparación es el "alma"; los activos físicos son el cuerpo del negocio, vale decir sus recursos materiales.

¿Puede un cuerpo – en nuestra comparación un negocio - pensar y tener vida, sin cerebro, ni alma, que lo haga funcionar?

El principal beneficio de la estrategia, en los negocios minoristas, es facilitar la capacidad de pensar, darle alma, e inteligencia comercial, para orientarlo por los mejores caminos que surgen de los recursos internos y las oportunidades y riesgos externos.

Las estrategias en su conjunto integran un plan, que sirve al negocio como un plano o mapa de recorrido para facilitar la más adecuada y eficaz elección, dentro de las distintas opciones posibles de decisiones y actividades.

A continuación detallamos los más importantes beneficios, que además de lo indicado anteriormente, aportan las estrategias para la subsistencia y crecimiento de un negocio minorista:

- Identifica oportunidades hacia las cuales dirigir las gestiones y destinar los recursos.
- Evita riesgos previsibles.
- Resuelve problemas manifiestos o latentes del comercio.

- Facilita adecuarse a los cambios y tomar las decisiones de adaptación, en tiempo y forma.
- Hace accesible detectar metas y objetivos coherentes y alcanzables
- Selecciona gestiones para lograr objetivos y resultados exitosos.
- Fija prioridades y establece orden en las decisiones y actividades.
- Sirve para detectar y generar ventajas competitivas
- Permite elaborar presupuestos de ventas, rentabilidad y manejo financiero del negocio.
- Es un elemento de utilidad para hacer seguimientos, evaluaciones y controles para mejora continua de calidad de gestión y beneficios económicos.

Las estrategias contribuyen a responder estas preguntas, vitales para la vida de una empresa Pyme y de un comercio minorista, tanto en su presente, como para su futuro. Entendemos de utilidad para el lector repetir dentro de la temática de este punto, lo ya señalado en el capítulo 3.11 página 76, cuando detallamos los objetivos y alcances del Marketing Estratégico y Operativo

¿Qué somos como empresa comercial en el mercado?

¿Qué podemos ser, en base a fortalezas y limitaciones internas, así como a posibilidades de oportunidades y riesgos externos?

¿Qué queremos ser, en base a nuestros deseos y criterios?

¿Qué debemos ser como empresa de aquí al futuro, en el corto, mediano y largo plazo?

Ejercicio de aplicación

- ¿En una escala de uno a diez, en base a sus recursos, conocimientos, experiencias y resultados, cuántos puntos le asignara usted a su negocio al momento actual?
- ¿En base a un análisis de las fortalezas actuales que se pueden aplicar, así como a las debilidades que se deben mejorar, en el orden interno, más las oportunidades accesibles del mercado que se pueden aprovechar, a cuántos puntos más cree usted que puede llegar su negocio en: a) los próximos 6 meses y b) dentro de un año, siguiendo un criterio cauto y razonable?
- ¿Cuál es su expectativa más optimista en lo que puede llegar a lograr en puntaje, su negocio, siguiendo el método empleado anteriormente?

- ¿Con el aporte de una buena planificación estratégica, a qué puntaje cree usted que "debe" llegar su negocio en los próximos 3 meses, a los 6 meses y dentro de un año?
- ¿Qué ventajas competitivas adicionales le puede otorgar a su negocio un buen programa estratégico?

Ejercicio de interactividad

- ¿Qué información interna es de utilidad para confeccionar un plan estratégico?
- ¿Qué conocimientos y datos del mercado pueden utilizarse para elaborar estrategias de negocios?
- ¿Qué información de los clientes es necesaria para un plan de marketing?
- ¿Qué datos de la competencia, directa e indirecta, son útiles para confeccionar estrategias?
- ¿Cuáles son sus criterios, experiencias y expectativas con relación al futuro deseado para su comercio, que pueden incluirse en un plan estratégico?
- ¿Qué tipos de objetivos con relación a compras, ventas, rentabilidad y situación financiera del negocio, debe contener su plan estratégico?

CUARTA PARTE
INFORMACIÓN PARA LA ACCIÓN

4.1- Informaciones necesarias para decisiones y actividades

Ideas Fuerza

- La información, es para un negocio, lo que el combustible para un motor.
- La información genera conocimientos. Los conocimientos permiten mejorar la percepción de los problemas y las oportunidades para solucionarlos.
- La información produce, cuando es aplicada, ideas, e inteligencia para adoptar decisiones para una gestión exitosa.
- La información actualiza el valor de la experiencia y la extiende hacia el futuro
- Existen fuentes internas y externas de información que deben ser consultadas permanentemente para decisiones y gestiones.
- Un buen gerenciador de negocios es un hábil conocedor de información, actualizada y relevante del mercado, los clientes, la competencia y el funcionamiento de su comercio.
- No pueden conseguirse resultados exitosos sin información oportuna, amplia y precisa.
- La información es de naturaleza cuantitativa como cualitativa, se expresa en números como en hechos, problemas, oportunidades, riesgos, amenazas, expectativas.

La conducción de los negocios, como ocurre con un automóvil, exige de información, tanto interna como exterior.

En el orden interno, si se trata de un automóvil necesitamos saber si tiene combustible, si funcionan o están en buen estado las cubiertas, y distintas partes del motor. El tablero del automóvil suministra otros datos del comportamiento de partes del motor y mecanismos del sistema, y nos indica la velocidad que estamos desarrollando.

Además se necesita conocer cómo está la ruta, cuáles son las reglas del tránsito y mirar las señales de los semáforos y las que surgen de la circulación de otros vehículos, para evitar choques, detenciones innecesarias o maniobras peligrosas.

Hoy contamos adicionalmente con el G.P.S. para ubicarnos geográficamente con datos de interés para la conducción eficiente.

De la misma forma los negocios requieren del manejo de información interna y de información externa, pero no existe en su organización un tablero de control. Debemos crearlo.

El tablero de control es el conjunto de información requerida para el manejo del negocio tanto en cuanto a su funcionamiento interno como externo.

La planificación estratégica, así como los planes de marketing suministran información de base para un tablero de control, especialmente al momento del inicio de las operaciones, ya sea por tratarse de un nuevo negocio o bien al inicio de un nuevo período de operaciones (mes, temporada, año, ejercicio, etc.).

La información es la materia prima para la acción. Sin información una acción puede resultar ineficiente e inclusive arrojar resultados negativos.

En esta parte del libro nos ocuparemos de analizar el tipo de informaciones que se requieren para la conducción eficaz de un comercio minorista, así como de sus fuentes y aplicaciones.

Definiciones y términos usuales

Datos: Cifras, comentarios, hechos, acontecimientos que tienen relación con los negocios. Pueden, o no, contener significados para la conducción del comercio minorista.

Información: Conjunto de datos que producen conocimientos que dan significados para la generación de ideas, decisiones y gestiones comerciales.

Oportuna: Información relacionada con el momento en que es útil y actualizada para su aplicación en los negocios.

Relevante: Información de importancia para la toma de decisiones y la realización de inversiones, gestiones y resultados.

Precisa: Valor de la información para reflejar la realidad que representa, dentro de límites de aproximación cercana a la exactitud (los errores normalmente aceptados son de más; menos 5%).

Tablero de comando, o de control: Carpeta, planilla, informe, soft, ó programa de computación que suministra datos interrelacionados sobre la situación del negocio. Base de datos útiles para tomar decisiones y analizar gestiones y resultados.

Preguntas o dudas que puedan surgir del capítulo

¿Cuáles son las fuentes internas que suministran información para el negocio?
Los registros contables, así como la base de datos o conjunto de anotaciones, sobre: clientes, proveedores, control de existencias, análisis de composición de tickets (scanning) o facturas de ventas. Quejas, reclamos, sugerencias y comentario de compradores y personal del negocio.

¿Cuáles son las fuentes externas que suministran información para el negocio?
Opiniones y consultas a clientes, encuestas, datos de cámaras empresarias, información que se lee en diarios y revistas especializadas en temas de negocios. Observación de la actividad y resultados de la competencia. Información de proveedores sobre el mercado y la competencia. Información procedente de instituciones públicas y privadas que generan datos sobre las actividades y el mercado, como ser INDEC, Instituto Nacional de Estadísticas y Censos, FIEL, (Fundación de Investigaciones Económicas para América Latinoamérica) Bancos oficiales y privados. Organismos provinciales y municipales de estadísticas. Consultores y Asesores en Marketing y Negocios. Ferias y exposiciones, vinculadas con el sector de los negocios.

¿Con qué frecuencia es conveniente utilizar la información?
Si es posible diariamente. Cuánto más actualizada la información, más inteligencia y rapidez para resolver problemas y aprovechar oportunidades de generar negocios. El tiempo límite no debería pasar de una semana.

¿Tiene mucho costo y lleva mucho tiempo utilizar la información?
Información es para los negocios, lo mismo que la alimentación para nuestro cuerpo. Tiene un costo relativamente bajo, pero genera energía y nutre al sistema. Lo que importa no es su costo, siempre accesible, sino los resultados que permite obtener, y los perjuicios que logra evitar.
En cuanto al tiempo puede ser menos de media hora por día. Vale decir muy poco, con relación a los aportes que permite aprovechar.

Por lo tanto podemos emplear, para la información un concepto popularizado por la publicidad comercial: "una sana costumbre"

4.2- ¿Qué datos de los clientes producen mayores ventas?

A mayor cantidad de datos, mayor conocimiento y mejores posibilidades de conquistar clientes, mantenerlos fidelizados y lograr en forma constante más y mejores ventas.

Existen algunas restricciones de tiempo y costo para obtener información por ello dividiremos el tipo y la cantidad de datos en datos:

a) Imprescindibles.
b) Convenientes.
c) Deseables.

Son datos imprescindibles los que detallamos a continuación:
1. Identificación personal o social.
2. Dirección y teléfonos.
3. Tipo de actividad y/u ocupación laboral.
4. Composición familiar o tipo de organización comercial.
5. Antigüedad de relacionamiento.
6. Cantidades, tipos de productos/servicios y montos de compras.
7. Condiciones de créditos, pagos y saldos en cuenta corriente.
8. Quejas, comentarios o sugerencias recibidas.
9. Concepto o clasificación: Muy Bueno; Bueno, Regular, Malo.
10. Última fecha de compra.
11. Actividades de contacto, promoción, tel-marketing, mailings y/o visitas realizadas para su fidelización, estimulación de compras, reactivación o reincorporación.

Son datos convenientes de obtener de los clientes:
1. Opiniones sobre razones de compras y no compras.
2. Grado de insatisfacción o insatisfacción con relación a la empresa o al comercio, sus productos, precios, servicios, atención, organización, etc.

3. Expectativas con relación a mejoras en calidad y variedad de productos y servicios.
4. Grado de participación del comercio en sus compras totales, con relación a otros comercios competitivos.
5. Sugerencias para mejorar los vínculos y las compras.

Son datos deseables para obtener de los clientes:
1. Poder de compras en función de sus ingresos
2. Tipos de productos y servicios que desearían comprar a nuestra empresa o en nuestro comercio y que hoy no les ofrecemos o no les conviene comprarnos,
3. Nuevos canales de comercialización como ser nuevos locales, e-commerce, venta por teléfono, o a domicilio, etc.
4. Expectativas con comodidades del local: espacio, lay-out, baños, estacionamiento, ambientación, seguridad, etcétera,
5. Opiniones sobre las aptitudes y actitudes del personal de atención, servicios auxiliares, seguridad, administración, cajas, supervisión y dirección de nuestra empresa.
6. Conocimiento de la competencia y opiniones comparativas.

Ejercicio de interactividad

Reflexione sobre los contenidos de este tema y luego conteste estas preguntas, que serán de utilidad para un mejor aprovechamiento del potencial de sus clientes:

¿De los datos imprescindibles, sobre los clientes, cuáles tiene registrados su comercio y cuáles no?

¿Qué se propone realizar para completar los datos que no conoce y en qué menor tiempo puede efectuarlo, para beneficio de sus resultados de ventas y ganancias?

¿De la información conveniente, qué datos dispone en la actualidad?

¿Cómo, cuándo y a través de qué medios piensa programar la captación de la información conveniente que aun desconoce?
¿De la información deseable, qué se conoce en su negocio, sobre los clientes?

¿Cuál es la forma y el tiempo para lograr esta última información, tan valiosa para mejorar la conquista y el mantenimiento de una cartera amplia y rentable?

4.3- Cómo ser más competitivos

Antes, competir significaba participar, junto a otros comercios, en un determinado rubro de negocios. La competencia sólo creaba distintos lugares y opciones para abastecer al mercado, ya que una o pocas empresas no estaban en condiciones de hacerlo, ya sea por falta de recursos, o por otros factores geográficos, organizacionales y técnicos.

Competir era entrar en un sistema de comercialización, donde en mayor o menor medida cada parte tomaba algo del mercado que le permitía subsistir y desarrollarse. Hoy, así como en el futuro, competir es tener capacidad de generar ofertas de mayor valor que las que producen otras empresas o comercios, para brindar soluciones, beneficios, ventajas y satisfacciones, percibidas por los clientes como más convenientes para sus intereses.

Por lo tanto, competir significa estar dispuesto a dar algo más de lo que ofrecen otros. Caso contrario los clientes, como jueces inapelables decretan el "knock-out" de quién sólo quiere hacer algo parecido a lo que los demás hacen de buena forma. Competir es una estrategia de generación de gestiones y resultados, que tengan identidad, superioridad, excelencia y atracción, para que un cliente prefiera una opción de compras, en lugar de muchas otras de inferior calidad de satisfacción. Muchos entienden que la competencia es un problema difícil de resolver. La verdad es que la competencia es parte del "juego del negocio" e inclusive aporta iniciativas para una superación y mejora continua. Entonces la realidad de la problemática no es la competencia, sino la forma en que hay que competir, vale decir las estrategias y técnicas a utilizar a este fin.

¿Es su negocio competitivo o simplemente uno más dentro del conjunto?

¿Qué diferencia a su negocio de otros competidores, para que el cliente lo prefiera para sus compras?

Estas preguntas deben estar siempre en la mente del responsable de un negocio, como base para generar competitividad. Ya que la competitividad es también una respuesta a las exigencias de los clientes, que siempre esperan que los comercios le brinden mejores satisfacciones, no sólo en precio, sino en calidad, variedad de surtido, atención, facilitación de compras, entregas, condiciones de pago, etc.

La competitividad es un concepto relativo. Vale decir, está en función de lo que hacen otros. Si otros comercios no ofrecen valores a sus clientes que nuestro comercio puede dar, aquí tenemos una fuente de generación de ventajas. Si otro comercio ofrece muchos valores, el nuestro debe analizar y ofrecer otros valores, o los mismos a mejores precios y en mejores condiciones.

Sobre la base de estas ideas podemos describir una serie de fuentes para la generación de ventajas competitivas, muchas de las cuales ocuparon páginas de nuestros anteriores módulos, a saber:

La competitividad puede surgir de alguna de estos sectores de la vida de un comercio minorista:

- Capacidad y aptitud para negociar con los clientes.
- Formas de negociar con los proveedores.
- Sistemas para generar ventajas con relación a otros negocios del rubro.
- Enfoques para actuar frente a la acción de competidores indirectos.
- Evitar el impacto y ser menos vulnerables a la acción de nuevos y futuros competidores directos. Si es posible no dejar espacios para su entrada.

El concepto ya analizado oportunamente de cadena de valor, del autor Michael Porter (ver capítulo 24) nos facilita identificar nueve centros donde el comercio puede generar competitividad, a partir de la generación de ventajas que el cliente pueda percibir como de atracción, para elegirlo como proveedor preferido, en lugar de otras opciones

1. Infraestructura del comercio (localización, instalaciones, organización, variedad de surtido, sistemas, cantidad de personal, capital de trabajo, mantenimiento, etc.).
2. Conocimientos, entrenamiento, calidad de atención, disposición y compromiso de servicio del personal, en todos sus niveles. Cultura compartida.
3. Empleo de sistemas tecnológicos para compras, ventas, administración, marketing, servicios, ambientación de locales de ventas, seguridad, etc.).
4. Cantidad y calidad de proveedores para tener un abastecimiento fluido y de

calidad, acorde a los requerimientos del mercado y los clientes.

5. Logística de ingresos de mercaderías y servicios, para evitar quiebres de stocks, faltantes de productos, marcas y surtido preferido por los clientes.

6. Operaciones de compras, merchandising, ventas, finanzas, administración, cobranzas, pagos, mantenimiento, exhibición, cartelización, etc.

7. Marketing interno y externo (políticas de productos, precios, promociones, comunicaciones con clientes, publicidad, estudios de mercados y clientes, localización de plazas y segmentos para realizar ofertas, posicionamiento, etc.).

8. Logística de entregas, delivery.

9. Servicios a clientes para asesorarlos, ayudarlos a conseguir lo que necesitan, brindarle atenciones personalizadas para fidelizarlo, deleitarlo y si es posible sorprenderlo, dándole más de lo que él espera.

En todos y cada uno de estos puntos es posible encontrar en forma constante y mejorada, estrategias para aumentar las prestaciones que generarán ventajas competitivas.

La eficiencia y la eficacia de un gerenciamiento, es necesaria, pero no suficiente si una empresa Pyme, o un comercio minorista no tiene competitividad. Tampoco la competitividad puede lograrse sin la eficiencia y la eficacia.

Proyectando el principio de Darwin, que indica que en el universo sólo subsisten las especies más aptas, podemos decir en términos de negocios que:

En el siglo XXI, sólo subsisten las empresas más competitivas.

4.4- Aplicaciones para la gestión

¿Cuáles son las diez ventajas competitivas que su negocio tiene sobre otros comercios de su zona de influencia?

¿En base a lo analizado en este tema, qué centros de generación de ventajas competitivas de su negocio pueden ser activados, para lograr mayor diferencia con otros competidores?

¿Cuáles son los puntos fuertes y débiles de su competencia, con relación a su cadena de valor?

¿Qué decisiones y gestiones pueden realizarse para mejorar la competitividad de su comercio?

Planifique para el próximo ejercicio comercial las ventajas competitivas a incorporar e impleméntelas con celeridad.

4.5- Implementación de ideas para acciones eficaces

Ideas fuerza

- En lugar de sucesos, los empresarios Pymes deben buscar procesos, porque ellos son los únicos medios para conseguir resultados exitosos.
- En mercados cambiantes y muy competitivos los éxitos del pasado no siempre sirven para conseguir metas en el futuro.
- Las señales del mercado, los clientes, los competidores y los proveedores son la materia prima básica para generar hechos y gestiones adecuadas para incrementar ventas y utilidades.
- A veces la principal competencia, y el mayor obstáculo para lograr éxitos, radica en la propia actitud del empresario o sus ejecutivos, que no piensan en la mejor forma de actuar, sino que "hacen más de lo mismo" sin adaptarse a las circunstancias cambiantes que exigen nuevas formas de gestión.
- Las técnicas de compras, las de ventas, promoción y merchandising, junto con las de comunicaciones internas y externas, son la base para poner en marcha un negocio Pyme exitoso.
- La competitividad y la mejora continua, en todo negocio permiten ser menos vulnerables, subsistir, crecer y ser rentables.
- Los nuevos desafíos del negocio minorista exigen estudiar formas y adoptar gestiones para:
    1. Mantener la actual clientela.
    2. Crear nuevos clientes.
    3. Ampliar la participación en el mercado zonal.
    4. Mejorar la imagen de nombre –"marca"– e identidad del negocio.
    5. Diferenciarse en forma destacada de los demás negocios.
    6. Brindar más y mejores servicios.

Hasta esta parte, hemos analizado y reflexionado sobre ideas, procesos y técnicas de marketing para Pymes y comercios minorista, útiles para poder organizar, planificar y conducir un negocio en mercados competitivos y en constante proceso de cambio. Ahora en esta unidad seguiremos un programa de aplicación y puesta en marcha, para conseguir resultados exitosos, en condiciones de crecimiento y competitividad.

Tres elementos permiten transformar las ideas y conocimientos en hechos, vale decir en actividades exitosas:

1. Visión del empresario y del comerciante.
2. Misión del negocio.
3. Procesos a utilizar.

La visión es el pensamiento aplicado, en base a datos de la realidad, de cómo se imagina el futuro deseado. Son los sueños en acción. Corresponden a la intuición fundamentada en las señales que se interpretan del mercado. Es una "esperanza o fe" que ilumina el camino a emprender.

Por ejemplo: la visión del comerciante que, en base a la información recabada de los clientes, identifica nuevas categorías de productos que pueden ser ofrecidos para incrementar volúmenes de ventas; o la del empresario que capitaliza una oportunidad del mercado para incorporar una nueva línea de productos, realizar un franchising., o una alianza estratégica.

La misión es la "consigna" o también "el mapa" de lo que se debe hacer para concretar el camino indicado por la visión. Por ejemplo, para el caso antes citado, la participación que la nueva categoría de productos tendrá en la mezcla total de ventas del negocio; los proveedores y marcas, así como la inversión a realizar y los volúmenes de ventas y utilidades a concretar.

Los procesos a utilizar son las formas de actuar, vale decir el sistema o conjunto de reglas y procedimientos que facilitarán la obtención de los resultados. Existen muchas formas de trabajar, pero siempre hay opciones que son eficientes y otras no lo son.

Los procesos son, por lo tanto, las mejores alternativas técnicas para alcanzar resultados positivos.

Para el ejemplo de la decisión de incorporar una nueva categoría de productos para vender en el negocio, el proceso consiste en evaluar las opciones de compras, la integración del surtido, su exhibición en el local, su promoción, los precios de ventas y la actividad a realizar en materia de venta personal o por auto-servicio.

Todos estos temas integran el contenido práctico de esta unidad, que desarrollamos a continuación.

4.6- ¿De dónde surgen los resultados?

Ahora nos dedicaremos a analizar las fuentes que generan los resultados de un negocio. Encontraremos áreas internas, que dependen de la organización, administración, y control de gestiones y resultados; así como áreas externas, donde están las oportunidades del mercado para generar ventas y utilidades a partir de los clientes, los proveedores y la competencia.

Se detallarán y recomendarán las estrategias y procedimientos para facilitar la utilización de herramientas útiles para desarrollar operaciones de ventas y utilidades comerciales.

Ideas fuerza
- Los resultados de un comercio minorista no son sólo la diferencia entre el precio de compra y el de venta, o para una empresa Pyme, el margen entre el precio final de venta y el costo total.
- La imagen de una empresa o de un comercio, su posicionamiento, así como sus condiciones para conquistar y mantener clientes son la base para la generación de resultados.
- Los resultados, en términos de utilidades provienen de la capacidad de negociación para realizar compras de materias primas y servicios, así como en la variedad de artículos, calidad, precios y financiamiento, de un comercio minorista.
- La selección de categorías de productos, la cantidad comprada, así como la rotación de inventarios influyen en las utilidades del negocio.
- Los márgenes de utilidad no determinan en forma exclusiva el nivel de ganancias, sino que los márgenes con la rotación, forman los verdaderos beneficios. Grandes márgenes con poca rotación no son tan importantes, como bajos márgenes con alta rotación.
- La fidelización de clientes es otra de las fuentes fundamentales de resultados.
- Generar ventas cruzadas o relacionadas produce resultados incrementales de importancia.
- La liquidez financiera es un resultado importante, que debe conseguir todo negocio para ser más rentable y menos vulnerable.

- Los resultados son producidos por los responsables del negocio y quienes lo secundan. Su capacidad para tomar decisiones eficaces y competitivas depende de sus conocimientos actualizados y su capacitación continua.

Definiciones y términos usuales

Ideas creativas: Pensamientos aplicados para encontrar soluciones, beneficios, ventajas y satisfacciones, tanto para los clientes, como para el negocio.

Visión: Intuición basada en señales de la realidad del mercado, los clientes y la competencia. Fe y esperanza, coraje, intención. Sueños en acción.

Misión: Consignas, metas, mapa de actividades, inversiones, gestiones y resultados a obtener. Propuestas esenciales que el comercio deberá cumplir en un ejercicio, y que sirven de guía para orientar actividades. Marco dentro del cual se desarrollará el negocio. Propósitos del negocio, claros y entendibles, para el personal, y los clientes.

Procesos: Métodos, sistemas, formas de conducta para realizar las tareas. Opciones más ventajosas para utilizar en el negocio y asegurar el cumplimiento de resultados positivos.

Comunicaciones internas: Cartelización, exhibición atractiva y demostrativa. Contacto, atención, promoción, asesoramiento, negociación y ventas a clientes. Folletería y material de merchandising disponible en el local para uso de los clientes.

Comunicaciones externas: Publicidad, cartelización externa, vidrieras, mailings, tele-marketing, venta directa y personalizada, promociones en lugares públicos.

Resultados: Rentabilidad sobre ventas, rentabilidad sobre capital invertido.

Liquidez: Disponibilidad en dinero y valores a cobrar a corto plazo.

Endeudamiento: Deudas por compras, inversiones, e impuestos a pagar.

Valor comercial del negocio: Patrimonio realizable a precios de mercado más valor de venta del fondo de comercio.

Competitividad: Capacidad para atraer y realizar ventas a cartera de clientes. Potencialidad para desarrollar negocios en mejores condiciones de rentabilidad que la competencia.

Preguntas o dudas que puedan surgir del capítulo

¿Es posible concretar resultados positivos en momentos de mercados con poco poder adquisitivo y mucha competencia?

Los negocios minoristas y las Pymes en general, tienen varias condiciones que le permiten subsistir y producir resultados satisfactorios, aun en épocas de crisis y alta competitividad.

En primer lugar tienen la oportunidad y la ventaja de la localización, generalmente ubicada en radios de población, que por razones de proximidad, a los clientes de su área de atracción, les resulta de mayor conveniencia comprar, en relación con otros negocios, sean grandes o chicos.

En segundo lugar, los gastos de estructura y mantenimiento del negocio son menores que los de otros negocios grandes o mal administrados. Esto se traduce en costos bajos que facilitan precios ventajosos de venta al público, con márgenes aceptables.

En tercer lugar el verdadero factor de éxito en un negocio minorista, en momentos difíciles es la "personalización" del negocio, para crear y mantener vínculos con los clientes, que son la real fuente de utilidades.

En cuarto lugar, podemos mencionar que por la reducida estructura de organización, de sólo uno o dos niveles, las decisiones se toman con mayor rapidez, flexibilidad y llegan en tiempos más breves al mercado que, por ejemplo, las más

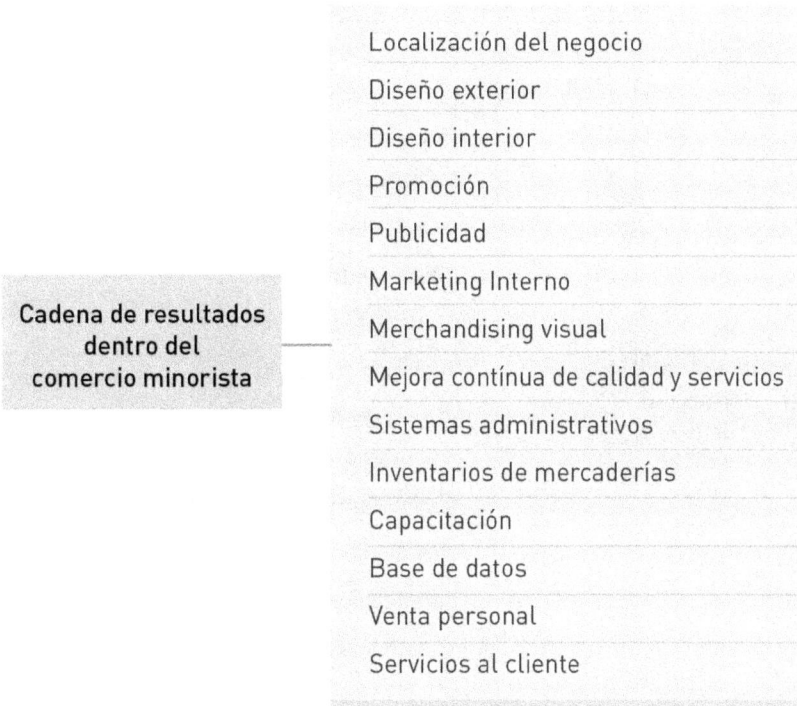

Cadena de resultados dentro del comercio minorista

Localización del negocio

Diseño exterior

Diseño interior

Promoción

Publicidad

Marketing Interno

Merchandising visual

Mejora contínua de calidad y servicios

Sistemas administrativos

Inventarios de mercaderías

Capacitación

Base de datos

Venta personal

Servicios al cliente

grandes empresas.

Todos estos factores producirán utilidades en la medida en que se conduzca el negocio con criterios y procesos de eficacia en materia de surtidos ofrecidos, precios estratégicos, servicios de alta calidad, adaptación a las necesidades y poder adquisitivo de los clientes, promoción, atención y venta del mejor nivel.

¿Cómo conseguir salir de la crisis de ventas decrecientes, utilidades cada vez más reducidas y pérdida de clientes?

La crisis siempre tiene sus causas. Los mercados son lo suficientemente grandes, aun en épocas difíciles, como para permitir que un negocio minorista y una empresa Pyme tengan oportunidades de subsistencia y rentabilidad. Por lo tanto, del análisis de las causas, así como de las propuestas y actividades para superarlas, surgen los caminos para la búsqueda de eficientes soluciones.

Generalmente, cuando un negocio Pyme entra en problemas de rentabilidad y subsistencia, un 60% de los factores que la provocan son internos y sólo un 40% externos. Los factores internos son errores de conducción en las políticas de compras, posicionamiento del negocio, planes de ventas, composición del surtido de productos, promoción de ventas, merchandising, contacto y relacionamiento

---

Cadena de resultados dentro del negocio Pyme ———

Negociación con proveedores y clientes

Tecnologías aplicadas

Capital de trabajo

Alianzas estratégicas

Financiamiento y flujo de fondos

Tablero de control de gestiones y resultados

Posicionamiento empresarial

Administración de costos

Planificación estratégica

Estructuras de organización

con clientes internos y externos, actividades de impulsión en las zonas de influencia y formas de generación de valores apreciados por los compradores, y por sobre todas las cosas: adaptación al cambio y a las circunstancias del momento y del mercado. En estos casos hay una calificación popular que menciona que estos problemas se originan en una conducción torpe, basada en aventuras y sin apoyo de procesos técnicos de administración y dirección de empresas.

Los factores externos son propios de la situación económica del mercado, las mayores opciones que los clientes tienen para elegir los mejores comercios para comprar, así como las estrategias competitivas.

¿Puedo realmente transformar un negocio con problemas en un negocio estable, con posibilidades de crecimiento y mayor rentabilidad?
El éxito no es un privilegio de algunos empresarios y comerciantes, inspirados por la divinidad, sino por el contrario, es un resultado de una gestión eficiente, eficaz y competitiva, de libre acceso para quién se decida a seleccionar nuevos criterios y procesos para administrar su negocio.

De esto se ocupa nuestro módulo y pone a su disposición, conocimientos y herramientas, para encarar en un futuro inmediato.

4.7- La obtención de resultados "dentro del negocio"

Señalamos anteriormente que existen fuentes internas y externas de generación de resultados para el negocio. Las externas se concentran fundamentalmente en el cliente, las oportunidades del mercado y la actividad competitiva.

Analizaremos ahora cuáles son las fuentes internas, vale decir aquellas que producen resultados dentro del negocio; en el siguiente tema nos ocuparemos de las fuentes externas

Para entender mejor el tema diremos que las fuentes internas son aquellas áreas del negocio de cuyas decisiones, tomadas "dentro del espacio del comercio" producen o no producen beneficios.

Existen catorce eslabones en la "cadena de resultados" dentro del negocio minorista y diez para las empresas Pymes de distintas actividades industriales y de servicios, a saber:

1. Localización del negocio.

2. Diseño exterior.
3. Diseño interior.
4. Inventarios de mercaderías.
5. Merchandising visual.
6. Marketing interno.
7. Promoción.
8. Publicidad.
9. Venta personal.
10. Servicios al cliente.
11. Base de datos.
12. Sistemas administrativos.
13. Capacitación.
14. Mejora continua de calidad y servicios.

Para el resto de los empresarios Pymes:
Además de los factores indicados precedentemente, adaptados a su sector de actividad, incorporar las siguientes fuentes:

Tecnologías aplicadas.
Estructuras de organización.
Capital de Trabajo.
Negociación con proveedores y clientes.
Tablero de control de gestiones y resultados.
Alianzas estratégicas.
Planificación estratégica.
Administración de costos.
Financiamiento y flujo de fondos.
Posicionamiento empresarial.

Localización del negocio

Una vez definida la misión del negocio, identificado su público y fijado sus objetivos de ventas y utilidades, hay que tomar o revisar la decisión de localización. Vale decir dónde ubicar el sitio o punto de atención y ventas minoristas, para el caso de comercios que utilizan por este sistema. Hay un dicho que manifiesta que el valor del espacio geográfico, donde se establece un comercio, está determinado por tres factores: localización, localización y localización.

Los negocios minoristas deben estar situados en lugares donde las oportunidades de mercado sean atractivas y justifiquen la inversión y el desarrollo de actividades para atraer clientes y generar ventas rentables.

Una vez decidida la ciudad, localidad, barrio o lugar comercial donde instalar el negocio, debe identificarse y elegirse el sitio y espacio más propicio para el mercado deseado.

Es necesario realizar una indagación o investigación en la zona, para detectar aspectos demográficos, económicos, tipos de unidades habitacionales, actividades, así como la segmentación más acorde con los objetivos comerciales del negocio.

Cantidad de población residente, público que transita, así como lugares donde se concentra gente por razones de trabajo, estudio, entretenimiento, salud u otros motivos, que son factores clave para considerar.

Las características culturales, de ocupación, así como el poder adquisitivo del público en el radio de localización del comercio, son importantes a los fines de la localización.

Por ejemplo si el comercio está destinado a público de alto poder adquisitivo, se elegirán zonas donde se concentra este tipo de clientes. Lo mismo si su poder de compras es medio o inferior.

Un negocio relacionado con población infantil, o adulta debe entender cuántas personas de ese segmento están en el radio de localización elegida.

También influyen las características dinámicas del sitio. Por ejemplo hay barrios, zonas comerciales, o localidades, donde la población crece, o por el contrario se reduce.

En general, se estima que para que un comercio minorista pueda subsistir y obtener utilidades debe localizarse en un lugar de proximidad a una población que en un radio de alrededor de cinco cuadras, supere la cantidad de 3.000 familias, con un ingreso anual, promedio de no menos de $ 20.000. O su equivalente en público de tránsito o trabajo.

La cantidad de negocios de competencia directa e indirecta son elementos importantes para considerar. En algunos casos la proximidad a comercios, no competitivos, que atraen público es una ventaja. En otros la existencia de muchos negocios del mismo ramo en tramos de mucha proximidad puede ser un factor negativo, especialmente si esos negocios están bien posicionados y tienen clientes fidelizados. Caso contrario es una oportunidad para sustituirlos por mayor capacidad y competitividad.

Existen en la actualidad distintos tipos de áreas para localizar negocios minoristas:

1. Los tradicionales centros comerciales de barrios, localidades y ciudades, donde se concentran la mayor parte de los negocios de distintos rubros, alrededor de calles y avenidas de mucha concurrencia. En estos centros es importante identificar el sentido del tráfico, las veredas de mayor atracción, así como la cercanía con locales acreditados que transfieran su poder de atracción al negocio.

2. Las galerías y centros de compras (shoppings), donde se alquilan o venden locales para distintos tipos de rubros comerciales. Tienen ventajas por su concentración, seguridad, lugares para estacionamiento, promoción conjunta y en muchos casos buenos servicios de cafetería, restaurantes, entretenimientos, cines, juegos para niños, etc. Tienen como desventajas la cantidad de competidores directos o indirectos, así como sus altos costos de alquileres y gastos generales. Muchos comercios han crecido a partir de su instalación en estos lugares. Otros han tenido problemas de subsistencia. Objetivamente requieren un análisis previo de aspectos positivos y negativos, antes de una definición concreta. En algunos casos, especialmente las cadenas de negocios minoristas optan por su elección en virtud de complementación entre locales en centros tradicionales, con la vidriera que significa estar presentes en estos sitios de moda y atracción visual.

3. Los lugares de gran concentración de público, ya sea por tratarse de zonas industriales, oficinas, terminales de medios de transporte, centros de salud, deportes, etc. Estos lugares, según la naturaleza de los locales y el tipo de público que concurre pueden ser de interés, según los objetivos comerciales del negocio.

4. Lugares alejados de centros de población, en vías de autopistas, carreteras o caminos de acceso, que concentran "plazas" de negocios, con amplios espacios para estacionamiento, con servicios auxiliares de cines, cafeterías, restaurantes. Son llamados centros comerciales, outlets, donde se venden distintos tipos de rubros, a precios generalmente más bajos que los de los negocios de proximidad. Son centros de moda y oportunidad y trabajan con público que gusta trasladarse en vehículos propios, para aprovechar ofertas y promociones, que regularmente se realizan con el fin de atraer público de distintas zonas geográficas, en radios de 15 a 20 kilómetros de distancia de los centros

comerciales tradicionales. Generalmente en estos centros hay uno o varios hipermercados y negocios minoristas de superficies grandes (materiales de construcción, electrodomésticos, tiendas por departamentos, etc.).

5. Negocios de conveniencia, o pequeños sitios de ventas ubicados dentro o en proximidad de estaciones de servicio, fábricas, clubes deportivos, centros de salud, casas de estudio, oficinas públicas, etc. Trabajan con público cautivo, que permanentemente asisten a esos lugares y tienen la ventaja de la exclusividad para gente que compra, porque no puede elegir otras opciones, durante su permanencia en esos sitios.

¿Está su comercio ubicado en un lugar que responda a las condiciones básicas enumeradas?

Si es así, mejor, pero no olvide la posibilidad de mejorar la localización, ya sea mediante la acción de traslado, o bien mediante la posibilidad de anexión de una "sucursal", con vistas a la formación de una pequeña cadena de comercios de proximidad y buena ubicación. Esto puede hacerse en forma individual, o mediante alianzas o sociedades con otras personas.

Así, por ejemplo comenzaron, desde muy pequeños negocios, Surrey, Supermercados Norte, Giovanna de Firenze, Farmacias Zelma, Ted Bodin, Escuelas IAC, Martha Harft, Roberto Giordano, Pinturerías Rex, y muchos más localizados en distintas zonas, barrios, ciudades y regiones del país.

Diseño exterior

El diseño exterior se ocupa de los aspectos arquitectónicos o el estilo decorativo del negocio para valorizar y diferenciar su imagen y presencia en el lugar o centro comercial donde se ubica para atender al público.

El valor del diseño, así como la distribución interior puede incrementar las ventas de un local, desde un porcentaje interesante, 20/30%, a una proporción destacada que duplique o triplique las cifras de ventas.

En nuestro medio, lo estamos observando en la mayor parte de los rubros, desde quioscos y maxi-quioscos, a estaciones de servicios, tiendas, heladerías, artefactos para el hogar, oficinas de ventas de seguros, viajes, medicina prepaga, muebles y útiles, farmacias, peluquerías, locutorios, librerías, etc. se han ocupado recientemente de enriquecer su imagen a partir de una concepción de diseño, atractivo, innovador y destacado, acorde a las épocas que transcurren, así como a las preferencias de sus clientes.

El diseño exterior emplea factores relacionados con la arquitectura, que impactan al cliente antes de entrar al comercio, incluye vidrieras, pisos, paredes, carteles, material de señalización., colores, exhibición, accesos y todo lo que contribuya a destacar el negocio desde un sitio de varios metros de distancia, donde el comercio se destaca por su presencia visual, atractiva, diferente, insinuante y persuasiva. Son inversiones que producen alto retorno en materia de posicionamiento e imagen, así como en ingreso de clientes, volúmenes de compras y utilidades.

El diseño exterior, debe ser decidido por el comerciante con la ayuda de especialistas en diseño de locales y arquitectura. Debe actualizarse periódicamente y atender a la imagen que se pretende crear en el público objetivo, al que se dirige el negocio. El diseño exterior no es gratis, pero se paga solo y a corto plazo. Valoriza, además el fondo de comercio y el eventual precio de venta del comercio, ya sea para una transferencia, como para alianzas estratégicas, fusiones y adquisiciones de otros negocios. No sólo se ocupa de la estética, sino que establece una identidad comercial y un marketing de la imagen de la empresa. También tiene en cuenta el tamaño y algunos detalles particulares, como la comodidad de circulación, seguridad, visualización interna y externa, funcionalidad para discapacitados, ambientación y servicios como estacionamiento, depósitos, y áreas de despacho y entregas.

¡Piense en qué nivel está el diseño exterior actual de su negocio y qué ideas pueden ayudarlo a mejorar su presentación e imagen! Es mucho el dinero que puede ingresar adicionalmente en su comercio si actualiza su identidad estética.

Diseño interior

Se ocupa de planificar y resolver la utilización del espacio para áreas de depósitos y ventas, a fin de lograr la mejor circulación del público, la exhibición, promoción y facilitación de compras. Tiende a mostrar "todo el negocio, en un mismo espacio" para atraer la atención y estimular el proceso de compras de todas las categorías de productos y servicios disponibles para su mejor comercialización.

Algunas estadísticas indican que el costo de planificación y diseño de comercios, realizado por profesionales especializados, representa alrededor del 7 al 10%, del valor de construcción o compra de un local. Este costo puede ser absorbido por las ventajas en descuentos y precios de compra de materiales e instalaciones, que se consiguen con la participación de los expertos, además de las ventajas en concitar mayor atractivo y volúmenes de ventas incrementales.

El diseño interno se encarga de elegir las instalaciones, muebles, exhibidores, mostradores, vitrinas, y equipos complementarios más idóneos para un mejor funcionamiento comercial del local y ayuda a un más eficiente nivel operativo, tanto para el personal del local, como para los clientes. Ahorra tiempo, costos y produce mayor cantidad de ventas. Facilita que el cliente vuelva y se encuentre feliz dentro del local.

El diseño interior se completa y sinergiza con el exterior y tiene por objetivo atraer y persuadir al cliente, facilitar y ayudarlo a comprar y especialmente atraerlo, con relación a otros negocios competitivos.

En muchas zonas por sus características culturales, los diseños exteriores e interiores, tienen que adaptarse a los códigos, condiciones, costumbre, hábitos y modas del mercado donde se opera, Caso por ejemplo de Recoleta, Puerto Madero, San Telmo, Pilar, etc. en la Capital y suburbios del Gran Buenos Aires. Lo mismo en ciudades y zonas del interior del país, caso de Salta, Tucumán, Bariloche, Mendoza, etc.

Uno de los elementos más importantes tiene que ver con el diseño de la entrada del negocio y su relación con las distintas áreas de servicios y atención, así como las paredes divisorias, cartelización interior, protección contra robos, ubicación de sectores de caja y entrega de mercaderías. Iluminación, pisos, sanitarios, zonas de espera, etcétera.

En lo referente a la distribución interior el diseño contribuye a obtener los máximos beneficios del espacio disponible.

Hay seis factores que tiene en cuenta un diseño interior eficiente:

1. El valor económico del espacio y su rendimiento en ventas.
2. El uso y asignación de espacios.
3. La circulación del público, para que acceda a todos los sectores
4. La ubicación de categorías de productos y servicios.
5. La proximidad de sectores de compras complementarias.
6. La imagen deseada para el local y la empresa, como ventaja competitiva.

El valor económico del espacio tiene relación con la venta esperada que debe generar cada metro lineal, cuadrado o cúbico de mercadería ocupada por él. Así por ejemplo, si un local tiene 100 metros cuadrados y su objetivo es realizar una venta mensual de $ 50.000, el valor de cada metro cuadrado ocupado por las distintas mercaderías, será en promedio de $ 500.- por metro cuadrado y por mes.

Una de las herramientas básicas para el diseño de las estanterías, góndolas y lugares de exhibición de mercaderías es la confección de un planograma.

El planograma es un mapa con la longitud, altura y profundidad de los estantes, con la cantidad y localización de las unidades o categorías de productos y servicios a ofrecer.

Los planogramas no son eternos, sino que varían en función de los requerimientos del mercado, las oportunidades de negocios y las exigencias de los clientes. Puede actualizarse una o varias veces por año. El benchmarking o aprendizaje a partir de las mejores prácticas comerciales locales e internacionales es una buena forma de medir las posibilidades de mejora continua en adecuación del diseño interior para la generación de ventajas competitivas sostenidas.

Otros elementos que abarca el diseño interior tienen que ver con el tipo y nivel de la música y el sonido, dentro del local, así como del aire acondicionado, limpieza y mantenimiento.

Últimamente en los comercios minorista se estila la inclusión de lugares para avisos comerciales de marcas proveedoras, así como carteles orientadores de ofertas, concursos, nuevas categorías o variedades de productos, o informaciones de utilidad para el cliente.

Inventarios de Mercaderías

El manejo de los inventarios es uno de los factores más importantes para la generación de utilidades. El comercio consiste en comprar y vender productos, en variedad de surtido, calidad, y rotación adecuada a la demanda del mercado y a los mejores rendimientos para el negocio.

El manejo de los inventarios tiene dos dimensiones, en cuanto a resultados:

a) Positiva
b) Negativa

La dimensión positiva consiste en tener un stock en variedad de surtido y cantidad suficiente como para generar ventas, en cantidad y utilidades, adecuadas a las oportunidades potenciales de la clientela.

Estudiar la mezcla de existencias, acorde a los segmentos de mercados y necesidades corrientes de los clientes, controlar su exhibición y promoción adecuada, para generar ventas, en relación con las demandas estacionales y de fechas de mayor salida, es una base de resultados para el negocio.

Así como en las carreras de fórmula 1 observamos como se ganan o pierden grandes premios, por insuficiencia de combustible y neumáticos, o por estrategias de reabastecimiento, en los negocios el manejo de los inventarios es como el combustible para la generación de ventas, la retención de clientes, y la producción de utilidades. No debe faltar ni sobrar. Si falta mercadería se pierden ventas y posiblemente clientes, si sobran existencias, se inmoviliza capital de trabajo, se tiene un "mayor peso" con las consiguientes pérdidas por costos financieros, menor rotación y disminución de márgenes de utilidad final en lapsos mensuales y anuales.

La dimensión negativa del manejo de inventarios radica en "faltantes de stock", o "quiebre de existencias". Cuando el cliente concurre al local y no encuentra el producto, en la mayor parte de los casos lo compra en otros negocios o bien lo sustituye por otros productos, pero es probable que en futuras oportunidades concurra a competidores que no tienen esos problemas.

En nuestro país se estima que la pérdida de ventas por faltantes de stocks supera, en promedio, el 18% de las ventas totales, en un período de un año. ¿Calculó cuánto representa eso, para su negocio?

Adicionalmente, una de las causas más frecuentes de sustitución de comercios de compras es la "falta del artículo solicitado al momento del pedido" ¿Cuánto vale un cliente, perdido por mala administración de stocks?

Otro tema negativo en la administración de inventarios es el stock inmovilizado. La inmovilización de existencias es una carga financiera que además de encarecer costos y disminuir rentabilidad final, produce restricciones para destinar ese capital de trabajo a otros productos de mayor posibilidad de ventas.

La inmovilización de stocks puede generarse por algunas de las siguientes causas:
1. Compras mal planificadas, que acumulan existencias en exceso con relación a ventas diarias, semanales, mensuales o estacionales. Es capital "muerto" que

no produce más que costos y pérdidas directas e indirectas.

2. Iliquidez y costos financieros que reducen o eliminan las utilidades de otros rubros rentables del negocio.
3. Ocupación de espacios que no generan ingresos por ventas.
4. Pago de impuestos relacionados con ventas que no se recuperan con la rapidez necesaria.
5. Incremento de riesgos, costos administrativos, de mantenimiento y seguros.

¿Cómo hacer para una gestión adecuada de los inventarios?

Analizar la relación entre existencias y ventas promedio por rubros de productos, por ejemplo, si las existencias son de 80 unidades y la venta promedio diaria es de 10 unidades, esto significa que disponemos de producto para 8 días de ventas. ¿Es mucho o poco?

Eso dependerá del flujo de reposición. Si podemos reponer cada 7 u ocho días, el stock es adecuado. Si podemos reponer cada cuatro días, tenemos un exceso del 50%, o sea inmovilizamos inútilmente el equivalente a 40 unidades, ya que con ese stock cubrimos los requerimientos de ventas diarias por cuatro días hasta que se realiza la nueva reposición.

Tómese el tiempo necesario, establezca este tipo de cifras, por los distintos rubros de mercaderías de su negocio y determine cuál es la relación entre compras, existencias y ventas, por categorías de productos.

Es casi seguro que descubrirá fuentes importantes de reducción de capital inmovilizado, acelerará la rotación de stocks, incrementará su liquidez y aumentará las utilidades de su comercio.

Consulte con su contador. Asesórese con su programador de sistemas, para que su computadora le registre con frecuencia adecuada esta información, de vital importancia para el manejo de su inventario.

Aumentará así sus utilidades, su capital efectivo de trabajo y su competitividad.

Merchandising Visual

El merchandising es una práctica que se ocupa de la búsqueda de las mejores condiciones de exhibición y localización de las mercaderías en los lugares de ventas, para que al cliente le resulte fácil identificarlas, tomarlas en sus manos, o pedirlas y después pagarlas.

Muchas veces una mala ubicación en mostradores, estanterías, góndolas o lugares de estacionamiento para su venta, genera una pérdida de oportunidades de comercialización.

Los productos de mayor venta y mejores márgenes deben ser ubicados en sitios de preferencia, para estimular su compra. También en lugares cercanos conviene exhibir productos relacionados: por ejemplo junto a las bebidas gaseosas, papas fritas; junto a corbatas, camisas; junto a medicamentos recetados, productos de tocador y venta libre, etcétera.

La ubicación de las familias de productos en los lugares de exhibición debe ser cuidadosamente estudiada para que el conjunto produzca ventas de una o más referencias de artículos. Facilite la elección y haga más accesible la compra.

La cartelización junto a los productos exhibidos ayuda a promover la venta. Cuide no tener espacios vacíos en las estanterías o exhibidores. Producen mala impresión y afectan la actitud de compras. Haga que sus exhibiciones tengan la cantidad suficiente de surtido para atraer la atención y el interés del cliente.

Productos presentados en cantidades reducidas (uno o dos) no producen deseos de compras, salvos casos de excepción. Tenga sus existencias, con combinaciones vinculadas con las necesidades que satisfacen al cliente. Haga que la exhibición sea bonita, colores, medidas. Variedades de marcas y especificaciones contribuyen a darle vida a su comercio y esto interesa al cliente y estimula sus deseos de compra.

La iluminación del local, su limpieza, ambientación y decoración contribuyen a valorizar la mercadería disponible para la venta, con su consiguiente poder de atracción para el cliente.

Demostraciones, degustaciones, vidrieras, exhibidores atractivos, folletería y elementos que ayuden a los productos a venderse solos, son fuentes importantes de resultados para su negocio. ¡No espere que el cliente pida! ... ¡Haga que a través del buen merchandising los producto se "ofrezcan y vendan por sí solos"! Al cliente le encanta este "juego" de la comercialización. Se sienten más independientes y con mayor poder de decisión.

Siempre existen oportunidades de mejorar la exhibición de las mercaderías en su negocio. Estudie y asesórese con especialistas, cambie periódicamente la calidad de la exhibición, recordando que es un factor de competitividad y de identidad de su negocio. Toda inversión en merchandising visual es de muy alto retorno y produce efectos de notable impacto en ventas y utilidades.

Marketing interno

Oportunamente definimos al marketing como a toda la actividad del negocio que tiende a generar soluciones, beneficios, ventajas y satisfacciones a los clientes. Si ello se cumple los beneficios y utilidades serán recíprocamente ventajas y satisfacciones para el comercio.

El marketing interno se ocupa de la organización y de las personas que trabajan en el comercio. Desde los dueños y socios, hasta el cadete.

No interesa el tipo de función o su importancia, lo que importa es cómo se hace la tarea para que directa o indirectamente sirva para atender, responder y satisfacer al cliente. Si esto se hace, el cliente compra y vuelve.

Si no se hace así, no compra, o compra menos de lo posible, y nunca más vuelve.

El marketing interno se ocupa de establecer vínculos con los clientes. Los vínculos son relaciones personales que establecen estímulos de afecto, compromiso, interés común, respeto recíproco.

El marketing interno comienza por la toma de conciencia de que trabajamos para el cliente, porque él es la fuente de nuestras ventas y la rentabilidad del negocio. El verdadero jefe. El Rey.

A los empleados el sueldo se los paga el cliente, no el empleador. Si no hay clientes no hay trabajo ni sueldo. Si los clientes compran poco o no pagan, se acabó el negocio. Y cuando se acaba el negocio, es como cuando se hunde un barco, todos desde el capitán al último marinero corren el riesgo de ahogarse.

Para generar actitudes de atención y compromiso con el cliente, hay dos factores básicos:

Primero la selección del personal. Hay que buscar gente que tenga disposición de servicio, que le guste la gente y que esté dispuesta a ocuparse no sólo de él, sino de los otros: los compañeros del equipo de trabajo, sus jefes, dependientes y por supuesto de los clientes.

Hay personas que por distintas circunstancias de la vida y su ambiente cultural no sirven para formar equipos y trabajar para otros. Pero hay gente que sirve, pero por falta de visión, entrenamiento o clarificación de ideas, no tiene actitudes positivas para con el resto de la organización, ni tampoco para con el cliente. Creen que el cliente es una molestia, los "incomoda en su trabajo", y por lo tanto no le prestan la atención debida.

La consecuencia es un bajo rendimiento del equipo y de la persona, con el consiguiente perjuicio para el cliente y la empresa.

¿Se habla en su negocio de la importancia del trabajo en equipo, para un mejor servicio al cliente?

¿Se capacita a todos los componentes del negocio para una mejor atención y servicios al cliente?

Si esto no se hace, aquí hay una falla grave que afecta a los rendimientos en ventas y utilidades para el comercio. Además se pierde competitividad y se ahuyenta a los clientes, que son el capital más valioso del negocio.

El marketing interno se ocupa, además del personal, de la presentación del negocio, del "just in time" para que no falten mercaderías, de la entrega en tiempo y forma, de los sistemas de información para tomar decisiones de compras y ventas.

De las promociones en el local de ventas, de la cartelización interior. De los sistemas administrativos y de las comodidades que en el local se puedan brindar a los clientes. El marketing interno se ocupa de la selección de buenos proveedores, tanto de mercaderías como de servicios.

Sin un buen marketing interno, no puede existir un marketing externo, vale decir no se pueden dar satisfacciones a los clientes externos.

¿Se ocupa usted del marketing interno de su negocio? Si lo hace busque como mejorarlo.

Si no lo hace, ¡Empiece ya! Es el mejor favor que puede hacer para su negocio.
Es una productiva fuente de generación de mayores ventas y utilidades. Valoriza a su comercio y lo hace menos vulnerable frente a su competencia.

Promoción

Las actividades de promoción son fuentes interesantes y relevantes de generación de resultados en términos de creación y mantenimiento de clientes, así como de incrementos de volúmenes de ventas y utilidades.

La promoción en los comercios minoristas puede realizarse a partir de las siguientes gestiones y procesos:

1. En forma directa, mediante la información, el asesoramiento y la resolución de problemas de compras de los clientes. Esto es la promoción personalizada.
2. Las demostraciones y exhibiciones con explicaciones, para que el cliente "aprenda del producto" y pueda tener mayor conocimiento para ejercitar su poder de compras.
3. El uso de folletos y material impreso para utilización del cliente y como apoyo y fundamentación de la atención personalizada. A los clientes les encanta y seduce llevarse material de folletería, los ayuda a convencerse, tienen más credibilidad.
4. Mediante exhibidores, vitrinas, vidrieras internas y externas, disposición atractiva de la mercadería para que llame la atención y despierte el interés del cliente.
5. Realización de concursos, premios por compras en cantidad (millaje), que pueden organizarse sin mayores costos, en una acción conjunta con varios proveedores.
6. Cartelización atrayente junto a la mercadería en exhibición.
7. Actividades dentro del local, como exhibición de videos, música, etc.
8. Regalos que acompañen a la acción de ventas, desde caramelos, hasta revistas, diarios, lapiceras, papel para anotaciones, guías de direcciones útiles, etc.
9. Paquetes de ventas promocionales (tres gaseosas al precio de dos; una camisa con cada traje; un video con cada video casetera, etc.).
10. Exhibiciones y precios especiales para días específicos, por ejemplo: día del padre, de la madre, fiestas patrias, primavera, vacaciones, fin de cursos escolares, etc.
11. Tele marketing, a clientes y clientes potenciales (llamadas telefónicas de listados de clientes identificados, por su poder de compras y cercanía al local de ventas).
12. Servicios de entrega sin costos adicionales, para distancias razonables.
13. Distribución domiciliaria de volantes y folletos de ofertas.
14. Recientemente las redes sociales (Facebook, twitter, mails, bloggs. Etc.) constituyen medios útiles, que bien utilizados tienen efectos de mucho impacto.

Publicidad

La publicidad es un factor que el comercio utiliza para comunicarse en forma masiva con su público. A diferencia de la promoción y del merchandising, la publicidad no conoce el nombre ni la cara de los sujetos a los que les envía sus mensajes, pero puede seleccionarlos a partir de los medios que utilice para llegar a lo clientes que le interesen.

Los medios accesibles para la acción de comunicación publicitaria son:

- Televisión.
- Radio.
- Diarios y revistas.
- Carteles en vía pública (carteles exteriores, en la proximidad del negocio (vereda, techo, paredes exteriores, etc.) carteleras municipales, espacios en paredes, azoteas de edificios altos, espacios en rutas, avenidas, etc.
- Medios de transporte público (colectivos, trenes, subtes).
- Cine y espectáculos públicos.
- Internet.
- Telefonía Móvil.

Los objetivos de la acción publicitaria pueden ser:
1. Atraer nuevos clientes.
2. Estimular mayores compras en la clientela actual.
3. Mejorar la imagen y competitividad del comercio.
4. Informar sobre ventajas y ofertas.
5. Comunicar novedades en temas de interés para el cliente.
6. Asociarse a fechas conmemorativas para generar captación de ventas relacionadas (día del niño, fiestas de navidad, día de la madre, etc.).

La publicidad es una inversión, cuando está bien planificada. No se puede improvisar en la utilización de la publicidad, si se quiere que no se convierta en un gasto sin retornos.

Para efectuar publicidad se necesita del concurso de una agencia especializada, de los servicios que los medios (radio, diarios, televisión, vía pública) ofrecen a los usuarios, sin gastos adicionales a los de la compra y producción de los mensajes, o bien de asesores especializados.

Todos creemos saber de la publicidad, pero una cosa es saber como espectadores y otra como productores de mensajes y campañas.

Para que la publicidad tenga efecto, en comercios chicos, como medianos y grandes tiene que ser programada en "campañas". ¿Qué significa esto? Que no debe ser aislada, por pequeña que sea debe tener continuidad en el tiempo. Es como un medicamento en un tratamiento, tiene una dosificación, sino se cumple con el mínimo requerido de frecuencias de insumo no sirve y si se excede es nociva y peligrosa.

En comercios minoristas los medios más adecuados son aquellos que tienen influencia zonal (radios locales, carteleras próximas al comercio, diarios vecinales, etc.). Es muy utilizado el envío de folletería en diarios, a partir de acuerdos con quioscos de venta de periódicos y revistas. Su efecto depende de la calidad y contenido de la acción de comunicación.

Las inversiones en materia de publicidad tienen que tener relación con los objetivos y los resultados esperados. Deben guardar relación con su incidencia en el costo final, con relación a los volúmenes de ventas y utilidades. Hay inversiones que se destinan a generar efectos a mediano y largo plazo (captación de clientes, imagen diferenciadora del comercio, etc.) y otras inversiones están destinadas a producir efectos inmediatos (caso de promociones de ofertas con motivos de días especiales: navidad, día de la madre, etc.).

Aun en pequeñas inversiones es aconsejable una mezcla de medios de publicidad (carteles en vía pública, avisos en radios, folletería en diarios y revistas, etc.).

El buen uso de la publicidad valoriza al comercio y capitaliza la inversión en términos de imagen y valor de venta del negocio.

Venta personal

Existen dos tipos de negocios minoristas, los que venden por medio de atención personalizada, que son los tradicionales comercios de nuestro medio, y, los ahora crecientes sistemas de venta por autoservicio, característicos en negocios de venta de productos de consumo masivo.

Sin embargo, en ambos tipos de actividades, la venta personalizada está presente, en los primeros en forma absoluta, y en los segundos en forma relativa.

Se entiende por venta personalizada absoluta cuando existe una relación cara a cara entre el cliente y el vendedor que lo atiende y desarrolla el proceso de negociación y venta. En cambio en la venta relativa, propia del autoservicio el contacto es complementario y circunstancial, sirve para orientar, atender consultas, o bien está a cargo de las cajeras y personal de expedición que se encarga de concluir el trámite inicialmente generado por la iniciativa propia del comprador.

En ambos casos la actitud de las personas que intervienen en la relación con el cliente son fuentes de generación de resultados y fidelización del comprador.

¿Qué entendemos por venta personalizada? Es la gestión de contacto, atención, indagación, orientación, asesoramiento, presentación de productos y servicios, argumentación, superación de objeciones, cierre de ventas y servicios de postventas.

El verdadero rol del vendedor es ayudar a comprar al cliente. Asesorarlo para el pueda decidir con autoridad y convicción, entre las múltiples opciones de productos, marcas, precios y lugares de compra.

En los negocios de venta por autoservicio, cada día se hace más necesaria la presencia de personas que estén atentas para atender consultas, asesoren y ayuden a elegir a los compradores, que si bien tienen a su disposición las mercaderías para llevarlas por su propia iniciativa, en muchos casos requieren de la orientación de personal del salón de ventas para resolver sus dudas, inquietudes o apoyo para sus decisiones. También en este tipo de negocios el contacto final con cajeras y personal de expedición y entregas es importante para el establecimiento de vínculos entre el negocio y sus clientes. Una sonrisa de despedida, un agradecimiento por la compra realizada, una invitación a una nueva visita, son factores que ayudan a mantener y fidelizar clientes.

Este personal es en última instancia, la cara visible del negocio, que por naturaleza es impersonal, pero que se transforma y humaniza a través de la actitud y disposición de quienes toman contacto con sus clientes y por lo tanto representan a la empresa vendedora.

En los negocios de venta personalizada, donde el cliente concurre a comprar, se considera que el 50% de la venta está concretada, por el solo hecho del ingreso al negocio. El otro 50% depende de la actitud, conocimientos y destrezas técnicas del vendedor. Sin embargo algunas estadísticas consideran que el índice de rendimientos en mucho más bajo, ya que, en la actualidad, los vendedores de locales, que atienden en comercios minoristas sólo concretan el 50% de las oportunidades que les brinda la presencia del comprador potencial. Vale decir sólo logran vender a uno de cada dos clientes que llegan a su negocio.

Por lo tanto el costo de oportunidad por ventas perdidas puede considerarse uno de los mayores costos que soportan los negocios minoristas.

La única forma de atacar este grave problema de bajos rendimientos es la selección, capacitación, apoyo y supervisión de los vendedores.

Los estímulos por incentivos, comisiones y premios por cumplimiento de objetivos de ventas, es otro de los factores que ayudan a incrementar los resultados del negocio, tanto en volúmenes de ventas, como en rentabilidad e incremento de cartera de clientes.

¿Cuál es su capacidad de ventas? ¿Cuál es el estándar de rendimientos de su personal de ventas? El análisis de estos índices es de gran importancia para conocer cuáles son sus posibilidades de mejorar utilidades.

Servicios al Cliente

El cliente concurre a un comercio y compra, no porque sea su objetivo final, sino porque necesita obtener bienes que le cubran sus necesidades, como medio para tener satisfacciones y resolver problemas de subsistencia y trabajo.

Por lo tanto, lo que en realidad todo comercio debe entender es que su existencia depende del grado de satisfacciones que se brinde, en todos los órdenes, a sus clientes.

Dentro de las satisfacciones a brindar se encuentran las que tienen por destino la persona del cliente: su comodidad, respeto, compromiso para con su persona y su "ego". Esto en síntesis se llama deleitar a la persona del cliente.

En la medida en que el cliente aprecie que el comercio y su personal se ocupan de él y no sólo de su bolsillo, o de los productos que se tienen para venderles, se transforma en un comprador fiel y consecuente. No se fija sólo en el precio o en aspectos materiales, prioriza en sus relaciones los vínculos de sentimientos y afectos.

¿Qué hacer entonces para mejorar los servicios?

No hay un listado completo de tareas a tal fin, la imaginación y la experiencia de cada responsable del negocio debe pensar, crear, seleccionar, y aplicar gestiones que puedan "sorprender" a los sentimientos de la persona de su cliente.

No es exagerado decir que hay que hacer sentir al cliente como un ser que el comercio "mima" y "quiere", y que se está dispuesto a una ayuda permanente, no sólo para la venta sino para todo lo que como complemento de ella corresponda hacer. En este sentido son medios para ofrecer servicios de calidad:

1. Identificar al cliente por su nombre.
2. Comprender sus aspiraciones, expectativas y deseos.
3. Escuchar al cliente y dar respuesta a sus inquietudes y reclamos.
4. Recordarlo después de la compra, llamándolo para interesarse por el grado de satisfacción o problemas ulteriores al uso del producto o servicio comprado.
5. Tener atenciones con motivo de aniversarios o fechas alegóricas como ser día de cumpleaños, día del padre, o de la madre, fiestas de fin de año, etcétera.
6. Facilitarle a través de consejos y asesoramiento decisiones de compras, no sólo de los productos y servicios vendidos en el comercio, sino de otros rubros que puedan interesarle al cliente y se esté en condiciones de orientarlo.
7. Aconsejar usos y aplicaciones de los productos comprados.
8. Facilitar entregas rápidas y económicas (delivery).
9. Interesarse por temas de interés común, aunque sean ajenos al negocio, si el cliente los requiere como orientación o consejos y el comerciante puede ayudarlos.
10. Responder con amplitud y celeridad a los reclamos o quejas del cliente.

Base de datos

El marketing actual exige un seguimiento más ajustado de los clientes, para ello hay que disponer de una base de datos que facilite un conocimiento actualizado de las características y movimientos de compras de toda la cartera de compradores.
La base de datos debe elaborarse en base a información que surge de los registros del negocio tales como facturación, fichas personales de los clientes y observaciones personales que sean de importancia para el comercio.
La base de datos se localiza en registros manuales o preferentemente en listados de computación, preparados específicamente para este fin.
Son componentes básicos de una base de datos los siguientes registros de los clientes:

1. Nombres, fecha de nacimiento, domicilio, teléfonos, fax, e-mail.
2. Productos comprados, condiciones y fechas de ventas.

3. Reclamos o consultas más corrientes.
4. Crédito acordado, tarjetas utilizadas, bancos con los que opera.
5. Atributos de Segmentación: tipo de familia, actividad, deportes preferidos, pertenencias, hobbies, etc.
6. Promociones enviadas, respuestas a invitaciones promocionales.
7. Participación en eventos promocionales del negocio.
8. Identificación de otros comercios competitivos no competitivos donde compra los mismos u otros productos.

Sistemas administrativos

Los sistemas administrativos forman parte de la infraestructura del comercio y tienen relación con aspectos contables, control de inventarios, estadísticas de ventas, sistemas de costos, análisis de rentabilidad por líneas de productos, listados de clientes activos y pasivos.

Control de facturación y cobranzas. Listados y seguimientos de deudores y acreedores en cuenta corriente. Control de envíos y devoluciones. Presupuesto de ventas. Presupuestos económicos financieros. Registros dinámicos y de desempeño de personal, etcétera.

Los sistemas administrativos deben servir para informar con precisión sobre aspectos útiles para la toma de decisiones de compras, ventas, marketing, servicios al cliente, así como para monitorear calidad de gestiones y resultados.

Son la base para planificar con eficacia las estrategias y operaciones del negocio. Así como para medir actividades y rendimientos económicos financieros.

Capacitación

La capacitación, tanto de los dirigentes, como del resto de los integrantes de una Pyme, es una función que, en mercados globalizados, competitivos y en proceso de cambio, debe emplearse como un factor de enriquecimiento de la cadena de valor. ¿Por qué es necesario un proceso continuo de capacitación? Porque los conocimientos avanzan en todos los frentes del negocio y son herramientas útiles para manejar procesos, estrategias, actividades y obtener competitividad y rentabilidad para subsistir, crecer y tener fortalezas para enfrentar obstáculos que permanentemente plantea el mercado.

La capacitación debe ser planificada y desarrollada en tiempos definidos y con temas seleccionados. Puede efectuarse mediante cursos o reuniones internas, externas o convenciones periódicas. Puede incorporarse la capacitación a las reuniones de supervisión mensual, como elemento de apoyo para cerrar brechas entre lo presupuestado y lo obtenido.

La capacitación puede estar a cargo de los directivos, ejecutivos o supervisores, en los temas de orden interno. También es conveniente contratar para temas especializados a profesionales que asesoran a la empresa. Otra modalidad de capacitación que puede ser complementaria de las ya citadas es la de financiar cursos externos donde concurran las personas seleccionadas por sus ocupaciones. En algunos casos pueden ser becas en escuelas o instituciones que tienen programas adecuados a los fines indicados. En muchas oportunidades las cámaras empresarias organizan cursos muy útiles para actualizar conocimientos o brindar una formación más profesional.

Mejora continua

Es una actividad permanente que busca enriquecer: estrategias, procesos, actividades y resultados para generar mayor competitividad.

Consiste en revisar, con una frecuencia no menor a una o dos veces por mes, todo realizado y logros alcanzados para eliminar debilidades y aumentar fortalezas de la gestión.

Es una auditoría del negocio a cargo de los responsables de la Pyme, pero también de asesores o profesionales contratados a tal fin.

Contribuye a retroalimentar y mejorar la calidad de todas las gestiones y da orientaciones para la confección de planes emergentes de actividad.

Ejercicio de aplicación

Analice los eslabones de la cadena de resultados, de su negocio - detallados en este tema – e indique cuáles son los puntos fuertes y débiles de cada uno de ellos. Una vez que se haya elaborado el diagnóstico precedente, seleccione cuáles son los temas que requieren un tratamiento más urgente para lograr una mejora en los rendimientos del negocio. En base a sus conocimientos, y con la ayuda de eventuales colaboradores y especialistas, formule un programa de acción para alcanzar objetivos y metas concretas de incremento de resultados.

Fije un calendario de realizaciones, asigne responsables e inversiones a destinar y haga un seguimiento permanente hasta lograr los objetivos.

Continúe en forma constante con este procedimiento que llevará a su negocio a un nivel de eficacia, competitividad y rentabilidad creciente a través del tiempo.

4.8- La obtención de resultados "fuera del negocio"

Con la base de las condiciones internas del negocio, anteriormente descriptas, la generación de utilidades se complementa e integra con el manejo de las siguientes fuentes externas de resultados:

a) Los clientes.
b) Las oportunidades del mercado.
c) La actividad competitiva.

Los clientes

En temas anteriores, dentro del marketing para Pymes y comercios minoristas, nos hemos ocupado del valor del cliente y su importancia en los negocios.

Ahora puntualizaremos factores directos que producen resultados a partir de la actividad con relación al cliente:

En primer lugar hay que definir qué tipos y segmentos del mercado son los más interesantes para la obtención de los resultados. Generalmente un 20% del conjunto de clientes posibles, reales y potenciales, producen el 80% de las ventas y utilidades. ¿Quiénes son? ¿Dónde residen? ¿Cuánto nos compran? ¿Con qué frecuencia lo hacen? ¿Qué productos compran?

Son algunos de los temas que todo comerciante debe analizar y conocer para actuar y generar resultados a partir del cliente.

En segundo lugar hay que "atraer" al cliente. No esperar que él venga a nuestro negocio, porque existe el riesgo que no lo haga, o lo haga en tiempos que no sean los más convenientes para el comercio.

¿Cómo atraer al cliente? ¡Hay que ir a buscarlo!

Existen distintas formas para atraer y buscar al cliente para que compre en el negocio. Los comercios que venden con equipos de vendedores que visitan a los clientes, lo hacen mediante una acción de contactos personalizados en sus domicilios o lugares de trabajo.

Pero también pueden atraerse clientes mediante invitaciones por carta, por e-mail, por fax, por entregas periódicas de folletos en sus domicílios, así como por llamados telefónicos.

Una de las formas más corrientes de atraer a los clientes es a través de la buena atención que se le brinda cuando está en el local, haciendo sus compras. Demostrando que interesa que él vuelva e invitándolo, después de agradecer su compra, a que concurra nuevamente.

Esta sencilla, pero eficaz actividad debe cultivarse entre todo el personal del local, especialmente aquellos que toman el último contacto, cuando el cliente se retira. Otra forma de atracción es mediante un sistema de incentivos (millaje) para gratificar la reiteración y el monto acumulado de compras en un período determinado: mes, temporada, año, etc.

A los clientes les fascina el juego del azar, especialmente cuando no tienen que pagar para ello. Programe, con la participación de proveedores, sorteos de productos, en forma periódica utilizando para ello un número fijo, que puede ser la codificación del cliente.

Las compañías de aviación y los bancos, son entre otros los negocios que utilizan este sistema con gran resultado. ¿Por qué no adaptarlo usted a su actividad?

Finalmente hacer todo lo posible y expresarlo, para que el cliente perciba, que para su negocio lo más importante es que él vuelva. Ese es su verdadero compromiso comercial, para que, a partir de sus clientes, movilice fuentes inagotables de resultados.

Es importante remarcar en toda la organización de su empresa la importancia del cliente como fuente generadora de ventas y utilidades, por ello sugerimos leer las premisas del siguiente mensaje, y si es posible distribuirlo, comentarlo con todas las personas de su negocio. También recomendamos hacer un cuadro con este material y exhibirlo en forma permanente en lugares donde todos puedan verlo permanentemente, inclusive los clientes.

Este material corresponde a la empresa editorial Mc Graw Hill, especializada en temas de administración y negocios, cuyo fondo editorial y catálogos recomendamos utilizar, es aplicado en todo su sector comercial como una forma de pensa-

miento para orientar la comunicación a transmitir a sus clientes.
Dice:

"No sé quién es usted
No conozco su empresa
No conozco al producto de su empresa
No conozco lo que representa su empresa
No conozco la trayectoria de su empresa
No conozco la reputación de su empresa

¡Ahora: dígame que es lo que quería venderme!

Mc Graw Hill Publications"

Las oportunidades del mercado

La razón de la existencia de un negocio es tener visión, capacidad, organización y recursos económicos y de marketing para atender necesidades de los clientes que residen en el área de su influencia.
Por factores competitivos, hoy podemos decir que la mayor parte de las necesidades de las personas, empresas e instituciones, están cubiertas por diferentes y numerosos oferentes.
Sin embargo, estudios recientes indican, en nuestro medio, que alrededor de un 50% de los clientes que cubren sus necesidades en distintos proveedores, ¡no están satisfechos!

¿Qué significa este dato?

Que tanto sus clientes, como los de los de sus competidores, esperan encontrar nuevas fuentes de compras para cubrir sus expectativas no satisfechas. ¡Esta es la oportunidad más significativa que el mercado le ofrece para mantener clientes, incorporar nuevos clientes, desarrollar mayores ventas, crecer y ser más rentable!
Piense, indague, asesórese con sus proveedores actuales y potenciales, consulte a profesionales especializados en marketing y luego identifique cuáles son las oportunidades de realizar ofertas para atender las necesidades insatisfechas, cuantita-

tivamente y cualitativamente, en su mercado.

No hay una lista de productos y servicios a incorporar a este fin, pero de su evaluación constante, como de su perspicacia comercial, surgirán innumerables oportunidades para captar y desarrollar en beneficio de su subsistencia, crecimiento y rentabilidad futura.

No es exagerado pensar que las oportunidades comerciales, en los mercados actuales, son tan interesantes y accesibles, como el propio volumen de ventas actuales.

La actividad competitiva

Competir significa estar preparados para generar ofertas capaces de brindar soluciones, beneficios, ventajas y satisfacciones a los clientes, en cantidad y calidad de valores, mayores que los que brindan otros comercios.

¿Dónde se genera la competitividad de un negocio minorista?

A través de este programa hemos dado revista a la mayor parte de los pasos que una empresa debe realizar para alcanzar un adecuado grado de competitividad, pero es necesario manifestar que la "cadena de valor" es el verdadero centro de generación de capacidad para superar a la competencia, tanto directa como indirecta.

La cadena de valor está constituida por las siguientes funciones que un comercio debe desarrollar en forma satisfactoria para los clientes:

1. La organización e infraestructura del comercio.
2. Los conocimientos, cultura comercial, aptitudes y actitudes de todo su personal.
3. Los procesos y tecnologías empleados, especialmente en gestión de negocios, compras, ventas, comunicaciones y servicios al cliente.
4. Los proveedores, como "socios virtuales" en el abastecimiento de productos, informaciones, actividades promocionales y logística, de calidad para enriquecer las aptitudes propias del comercio.
5. La logística del abastecimiento, para acelerar la rotación de inventarios y evitar faltantes de stocks.
6. Las operaciones de compras, ventas, y financiamiento.
7. La logística para una atención rápida y esmerada en el local, para evitar demoras innecesarias , así como la rapidez y calidad en las entregas – delivery.
8. El marketing minorista, tal como lo describimos en este curso.

9. Los servicios para deleitar y si es posible sorprender a los clientes.
Ejercicio de aplicación e interactividad

En base a las ideas y técnicas planteadas en este tema, lo invitamos a realizar los siguientes ejercicios de creatividad, que aplicados a su negocio, contribuirán e incrementar sus resultados a corto plazo.

Identifique quiénes son los clientes de su comercio que generan el 80% de sus ventas y utilidades. Haga un listado "ABC" o ranking por orden de importancia decreciente. Si no tiene información proveniente de registros internos: facturación, ventas por tarjetas, etc., para hacer este ejercicio, piense de dónde vienen y qué características tienen los que compran en su comercio. Y en un futuro inmediato busque las formas de tener un registro de ellos.

A tal fin puede utilizar la técnica de encuestas de opiniones para medir grado de satisfacción del cliente, mediante formularios numerados, donde se dejen los datos del cliente, para participar de sorteos periódicos de productos y servicios del negocio.

Analice luego quiénes pueden ser clientes potenciales, dentro de su área de actividad, que aun no concurren a su negocio, e invítelos mediante una promoción, a través de mailings, folletos, contactos personales o publicidad, tal como se comentó oportunamente.

Trate de analizar cuáles son las insatisfacciones más comunes, tanto de sus clientes, como de los de su competencia, para utilizarlas como blanco de futuras ofertas y servicios.

Piense que es hoy imposible en su comercio, que de hacerlo permitiría captar oportunidades del mercado. Estudie, libere su creatividad y extraiga mensualmente un conjunto de no menos de 5 circunstancias que le permitirán incrementar resultados en ventas y rentabilidad. Luego póngase en campaña tenaz y progresiva para concretarlas, en el corto, mediano y largo plazo.

Finalmente, no espere que sus futuros nuevos clientes vengan a su empresa o comercio. ¡Haga un plan urgente para traer más clientes nuevos a su negocio! No olvidando hacer otro plan para mantener a los actuales compradores.

4.9- Comunicaciones internas y externas para crear valor

Ideas fuerza
• Las comunicaciones internas y externas, crean "puentes" que permiten unir

los intereses de la empresa y del comercio con las expectativas de los clientes.

- Las comunicaciones internas deben ser personalizadas, con apoyo de elementos de folletería, promoción, cartelización y merchandising.
- Todo el negocio comunica, desde su ubicación geográfica, hasta su decoración, presentación, ambientación, mantenimiento e higiene.
- Comunicarse, a nivel interpersonal, no es sólo hablar y exponer, sino especialmente indagar escuchar y percibir qué es lo que necesita y desea el cliente.
- La comunicación externa, para ser efectiva, debe utilizar medios adecuados a la naturaleza de los clientes y del negocio.

Las comunicaciones son el medio interpersonal y promocional de conectarse con los clientes, tanto reales, como potenciales.

La comunicación se concreta mediante el diálogo personal y humanizado, como por el uso de elementos visuales y escritos (carteles, displays, exhibidores, etc.).

También se utilizan demostraciones, catálogos, muestrarios, videos, publicidad, páginas en internet, cartas y folletería por correo (mailings), concursos, volantes y todo medio útil para acercarnos y hacernos ver y oír, para que nos conozcan mejor los clientes.

Antes se creía que la comunicación se lograba con el solo contacto, cara a cara, con el cliente, o por la sola existencia física del comercio.

Hoy, la comunicación en un proceso que requiere de una planificación y de una actividad específica, constante y de calidad, para la creación de vínculos e imágenes favorables, sobre lo que nuestro comercio ofrece en materia de soluciones, beneficios, ventajas y satisfacciones.

En este módulo se analizarán los medios, características y procesos para utilizar eficaces elementos de comunicación tanto interna, dentro del local de ventas, como externa, o sea en el mercado.

Definiciones y términos usuales

Comunicación: Mensaje que expresa significados de interés recíproco, tanto para el emisor como para el receptor.

Medios: Vehículos o formas de expresar los mensajes: verbales, gestuales, escritos, visuales. Personales o a través de elementos de promoción y cartelización.

Receptores: Destinatarios de los mensajes. Clientes segmentados por categorías:

actuales, potenciales, por capacidad de compras, actividades, poder de compras, localización geográfica, niveles socio-económicos, actitudes y estilos de vida o conductas.

Percepción: Decodificación e interpretación de los mensajes comunicacionales, para que alcancen los objetivos que dieron lugar a su utilización.

Objetivos: El mensaje es un medio para alcanzar un objetivo de transmisión de ideas, ofertas, beneficios, ventajas, satisfacciones, competitividad, conveniencia, etcétera. Cada oportunidad y medio de comunicación deben tener un objetivo específico. La comunicación por sí sola no tiene impacto.

Impacto: Efecto de la comunicación en la percepción, convicción y persuasión del cliente.

Medición de la comunicación: Verificación del impacto en términos de actitudes de los clientes: recepción, comprensión, selección y recordación de los mensajes.

Preguntas o dudas que puedan surgir del capítulo

¿Como deben ser las comunicaciones personales con el cliente en el local de ventas o mediante visitas a sus oficinas, o en la empresa?

Hay distintas formas de establecer un proceso eficiente de comunicaciones con los clientes. Una de ellas es la que se resume en la sigla AIDA, que consiste en comenzar por una buena atención.

Por ejemplo: saludo cordial y palabras que expresen disposición de servicio y compromiso; tales como: "gracias por venir, ¿en qué puedo serle útil?

Luego despertar el interés del cliente mediante preguntas que permitan profundizar las soluciones e inquietudes el comprador; como por ejemplo ¿puede indicarme para qué usos, o aplicaciones quiere el producto que busca?

A continuación la comunicación sigue con la demostración de las cualidades del producto o servicio pedido, para crear el deseo del cliente.

Y, finalmente concluye con la argumentación para ayudar a comprar, y facilitar la acción o actitud final en la decisión del cliente, que se denominada cierre de ventas.

¿Cuáles son los elementos de comunicación interna más importantes en un negocio?

En primer lugar la exhibición y presentación de los productos dentro del local. Luego la cartelización que oriente al cliente para encontrar los productos buscados y explique con facilidad las ventajas ofrecidas. Los exhibidores, folletos, así como la localización accesible de los productos, constituyen un lenguaje comunicacional de alto impacto para el cliente.

La iluminación así como la ambientación y las instalaciones del comercio, son factores de importancia en la comunicación, especialmente de comodidad e interés para el comprador.

¿Son muy costosos los medios de comunicación externa con los clientes?

De ninguna manera. No son gratuitas, pero requieren dosis pequeñas, pero continuas, a través del tiempo. Se pagan por sí solas y producen retornos importantes en ventas y utilidades. Ud. debe hacer un plan de inversiones, acorde a sus posibilidades financieras, midiendo su costo gradual, en relación con sus efectos en resultados.

Existe una metáfora que indica que un negocio sin comunicaciones externas, es como un campo sin siembra.

4.10- La comunicación desde el negocio

Los clientes, aunque parezca insólito, tienen cada vez más poder para decidir y realizar compras, pero como dijimos en anteriores oportunidades, no saben qué comprar. Hay tantos productos de opción alternativa, tantas marcas, tantos precios, tanta publicidad con mensajes parecidos, que confunden y, a veces, desorientan al comprador.

Si a estas circunstancias sumamos la constante aparición de nuevos productos y servicios, con tecnologías distintas, podemos asegurar que la comunicación opera como un factor de ayuda y facilitación para decidir, vale decir elegir qué, cómo y dónde comprar.

La comunicación desde el negocio debe cumplir con el rol de "asesorar" y, sin que el cliente lo pida, generar un proceso de "aprendizaje" sobre las características, soluciones, beneficios, ventajas y satisfacciones que cada uno de los diferentes productos, marcas y precios, pueden brindar, para cubrir las expectativas y deseos del cliente.

Para este fin dentro del negocio hay que disponer de los siguientes medios:

• Personales: dialogo, asesoramiento y atención de consultas por parte de los vendedores.

- Cartelización: atrayente, bien visible, útil para definir aspectos de interés del cliente.
- Exhibición: mercadería bien ordenada, dispuesta en forma accesible para su identificación y con opciones para elección fácil y convincente.
- Instalaciones: exhibidores, localización de mercadería relacionada, que haga cómoda y placentera la presencia del cliente en el local e invite a volver.
- Iluminación, limpieza y servicios complementarios que atiendan a la necesidad del cliente de sentirse cómodo y "feliz" durante su estadía en el comercio.
- Y, todo aquello que haga sentir al cliente no como "visitante", sino como en su propia casa o lugar, o en última instancia como en la casa de un familiar o amigo.
- No ser tratado como un extraño.

La ocupación de paredes externas e internas, la visualización accesible y fácil desde el exterior, así como el empleo de piezas publicitarias de marcas proveedoras, que estén en plena difusión en los medios de publicidad, constituyen elementos útiles de comunicación interna, que el cliente aprecia, consciente o inconscientemente y le ayudan a comprar con facilidad, rapidez y comodidad.

Los elementos de comunicación interna como carteles, displays y demás medios de información al cliente cuestan relativamente poco y pueden construirse con un diseñador que se contrata a tal fin, o bien con especialistas que realicen este tipo de gráficos en computadoras.

Ambas alternativas son rápidas y de alto impacto. Hoy se puede recurrir a casas de fotocopias color que brindan posibilidades de hacer posters, en base a fotografías y folletería, que puede servir como elemento de comunicación en locales, ya sea en frentes, paredes, estanterías o lugares adecuados, donde el cliente pueda apreciarlos. El comercio minorista no está solo en la acción de comunicación con sus clientes. Los proveedores tienen especial interés en colaborar, en recíproco beneficio, con esta tarea técnica aportando ideas y materiales. En algunos casos hasta pagan por la exhibición de carteles, transparencias y lugares para exhibición de sus productos.

Si los proveedores no realizan estos ofrecimientos, el comerciante minorista debe negociar su participación en esta actividad de comunicación. Esto reduce costos y aumenta la eficacia de la comunicación con los compradores. Los grandes comercios minoristas, tipo hi per y supermercados, hacen de esto una fuente de ingresos por venta de espacios para cartelización y promoción de marcas y productos que venden.

Ejercicio de interactividad

Analice las oportunidades de mejora en la fachada, presentación exterior y en la entrada a su local de ventas. Piense cómo está comunicando a los clientes, todo lo que el negocio les ofrece, en una visualización rápida, sintética y expresiva de identidad.

¿Son suficientes, claras y atractivas las piezas de comunicación interna de su negocio?

¿Cómo es la comunicación personalizada? ¿Puede mejorarse? Detalle tres aspectos que pueden utilizarse para mejorar en el futuro este medio de diálogo con los clientes.

¿Utiliza suficiente material de folletería, cartelización e información para el cliente, dentro de su local de ventas? Piense qué más podría emplearse para incrementar la comunicación.

¿El merchandising visual es comunicativo, atractivo y facilitador de compras? Si lo es, como mejorar para seguir atrayendo al cliente. Si no lo califica como bueno, piense a quién recurrir para ayudar a distinguirlo. Prepare de inmediato un plan de acción y póngalo en práctica. Sus resultados se notarán de inmediato: mayores ventas y más utilidades.

4.11- La comunicación externa

La comunicación externa cumple la misión de traer el cliente al negocio.
Existen distintos medios para lograrlo:

1. Carteles en lugares exteriores próximos al local de ventas, ya sea en la vereda, o en sitios de la vía pública, adecuados a tal fin, como ser carteles en la parte

superior de edificios, en rutas y avenidas de acceso. Carteleras y espacios municipales de lugares estratégicos, como ser paradas de colectivos.

2. Folletería a distribuir por correo o para entregar a mano, en los domicilios de los clientes.

3. Llamados telefónicos.

4. Publicidad en radio, televisión, vía pública, medios gráficos, especialmente de circulación local, cines, y espacios de estática en lugares de concentración pública como ser estadios, estaciones de ferrocarriles y subterráneos, etc.

5. Envío de volantes y folletos en diarios y revistas, distribuidas en quioscos dentro del área de influencia del local de ventas.

6. Anuncios en páginas amarrillas de la guía de teléfonos, o avisos destacados dentro de la misma guía.

7. Participación en eventos escolares y actividades de concentración pública por motivos culturales y sociales de entidades de la comunidad próxima a la zona de influencia del negocio.

8. Acciones conjuntas de comunicación pública y publicitaria con empresas proveedoras.

9. Publicidad en sitios de internet, relacionados con la actividad de su negocio.

10. Páginas propias en internet.

Las comunicaciones exteriores no se logran con esfuerzos realizados "de vez en cuando".

Deben responder a un plan inteligente y racional, preparado en función de objetivos bien claros, y en relación con las metas de ventas, posicionamiento y utilidades previamente señaladas a tal fin.
La comunicación externa debe ser integrada, vale decir utilizar medios distintos que se complementen, por ejemplo cartelización con folletería enviada a domicilio, apoyo radial y participación en eventos públicos.

Debe ser continua a través del tiempo y adaptada a las circunstancias, por ejemplo: promociones estacionales, días especiales, ofertas para incrementar ventas, concursos para atraer nuevos clientes, recuperación de clientes inactivos, etcétera.
Debe asignarse un presupuesto y cumplirlo en función de los objetivos antes indicados.

Hay que medir en forma permanente los resultados y tener en cuenta que la acción de comunicación externa, es como los remedios, no siempre generan efectos inmediatos, pero acumulan su poder gradualmente, para rendir con impactos en los resultados positivos.

Para elaborar un buen programa de comunicaciones externas se pueden seguir estos caminos:

- Utilizar los conocimientos y aptitudes propias para la definición de un programa con objetivos, metas, inversiones y resultados esperados.
- Complementar estos conocimientos y objetivos con la colaboración de proveedores que se ocupan de elaborar las comunicaciones, en los distintos medios especializados.
- Contratar a especialistas en marketing y comunicaciones para que planifiquen y colaboren en el desarrollo de las campañas de comunicaciones.
- Contratar una agencia de publicidad, preferentemente pequeña, acreditada y de confianza, por sus antecedentes en la zona, para que se ocupe de generar la creatividad y la selección
- de los medios de comunicación. Los objetivos y el control, siempre corren por cuenta del comerciante.

Luis Bassat, un célebre publicitario español, en su libro "El libro rojo de la publicidad" editorial Espasa Calpe, da ideas, sobre temas de comunicaciones externas, que - como él dice - "mueven montañas".
De este libro hemos adaptado las siguientes reflexiones sobre el contenido de los medios de comunicación externa:

1. La buena comunicación externa, vende productos hoy y construye la identidad del negocio para mañana.
2. La buena comunicación debe captar la atención del receptor, en forma inmediata.
3. La comunicación debe tener por contenido un fuerte mensaje de ventas y prometer soluciones, beneficios, ventajas y satisfacciones para el cliente.
4. La comunicación para ser eficaz debe contener una idea simple, clara y que se entienda rápidamente.

5. La comunicación para ser efectiva y rendir sus frutos debe destacarse de la competencia y del resto de las comunicaciones habituales del medio en que actúa el negocio.
6. La buena comunicación debe ser recordada no sólo en el corto plazo.
7. La comunicación debe despertar el interés y ser importante para el cliente.
8. En toda comunicación el nombre del comercio y su emblema deben estar integrados al contenido central del mensaje. No sólo servir de título o referencia complementaria.
9. La buena comunicación no es un mensaje aislado, sino una campaña integrada, capaz de perdurar en el tiempo y crear un activo de "marca" para el negocio.
10. En toda comunicación el mensaje debe adecuarse a las características de cada medio empleado, aprovechando todas sus ventajas y teniendo en cuenta sus limitaciones.

Ejercicio de aplicación

Después de haber leído y meditado sobre los contenidos de este tema, cuáles son sus reflexiones con relación a:

¿Las comunicaciones externas de su negocio, son a su criterio suficientes para las necesidades de sus clientes y las condiciones competitivas actuales?

¿Utiliza un sistema de comunicaciones integradas o sólo algunos medios aislados?

¿Tiene un programa anual de comunicaciones y un presupuesto de inversiones?

¿Quién colabora, o puede colaborar en el desarrollo de una acción mejorada de comunicaciones externas, para que su comercio incremente sus resultados?

¿Pensó en solicitar el apoyo y participación de sus principales proveedores en su actividad de comunicación externa?

QUINTA PARTE
CREATIVIDAD EN LOS NEGOCIOS

5.1-Creatividad para atraer clientes y generar mayor volumen de negocios

Ideas fuerza
- En el área de atracción comercial de su negocio existen compradores potenciales, en cantidad y calidad que deberán ser identificadas por usted, con relación a los objetivos y naturaleza de su comercio.
- De esta masa de individuos o entidades potenciales, surgen los que actualmente compran (en forma continua o esporádica) en su negocio, así como aquellos que aun no lo hacen.
- Llamaremos compradores reales, a los primeros y potenciales a los segundos.
- A los compradores reales, hay que fidelizarlos y mantenerlos para que sigan comprando, cada vez más y con mayor frecuencia. Vale decir convertirlos de compradores en "clientes adictos".
- A los potenciales, que son de interés para realizar operaciones comerciales, hay que transformarlos en "clientes" y para ello hay que realizar una tarea con técnicas y medios idóneos a tal fin.
- Todo comercio para ser competitivo debe tener dos planes estratégico y operativos específicos: uno, para retener clientes y otro, para conquistar nuevos clientes. Ambos planes de desarrollarse en forma conjunta.

Señalamos en varias partes de nuestro programa que los clientes son el activo estratégico más importante de un negocio minorista. Atraerlos, crearlos para que vuelvan a comprar y hacer de ellos un verdadero capital, que rinda en forma continua, es hoy una función primordial en la conducción de un comercio.

En este módulo, en sus dos temas, analizaremos cómo poner en práctica estrategias y técnicas para atraer a los clientes y luego mantenerlos.

Definiciones y términos usuales

Creatividad: Capacidad, disposición, imaginación y visión para encontrar soluciones a problemas específicos. Lo contrario de creatividad es rutina, falta de iniciativa y escasa voluntad para encontrar nuevos caminos para una mejora en actividades y rendimientos.

Mercado: Conjunto de oportunidades para atraer clientes y realizar ventas, dentro del radio de atracción comercial e influencia zonal del negocio.

Volumen potencial de ventas: Estimación del poder de compras de la población residente o en tránsito y permanencia en la zona de influencia del local de ventas.

Clientes potenciales: Todos aquellos que están en condiciones por razones de necesidades, poder adquisitivo y localización geográfica, a comprar en un comercio.

Compradores: Todos aquellos que en alguna oportunidad realizaron compras en el negocio.

Clientes efectivos: Aquellos clientes que compran por convicción la mayor partes de las veces en un mismo local, en preferencia con relación a otros de la competencia.

Fidelización: Acción de crear barreras para evitar que los clientes se vayan, atraídos por otros competidores, directos o indirectos. Plan para mantener a clientes leales y consecuentes con un negocio.

Preguntas o dudas que puedan surgir del capítulo

¿Es posible conseguir la información sobre los posibles compradores en un mercado zonal?

Por supuesto que sí. La información es producto de un trabajo de indagación e investigación que puede realizar el propio comerciante, o encargar a profesionales especializados, a costos y en tiempos muy accesibles.

Composición de los clientes y potenciales compradores

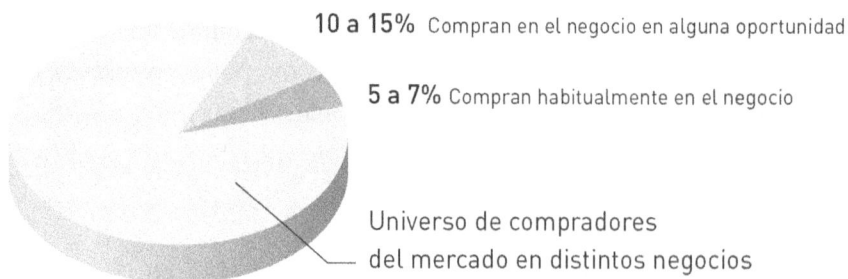

10 a 15% Compran en el negocio en alguna oportunidad

5 a 7% Compran habitualmente en el negocio

Universo de compradores del mercado en distintos negocios

¿De dónde extraer información sobre los compradores reales del negocio?

De los registros contables, así como de estadísticas de ventas preparadas a tal fin. Si no se ha hecho con anterioridad es oportuno comenzar de inmediato. Su valor de importante para manejar el negocio.

¿Tiene mucho costo y esfuerzo, la acción de fidelizar clientes? ¿Es posible en un negocio minorista?

Existe un costo mínimo, que puede ser absorbido por acciones inteligentes con la participación de proveedores. Desde ya ¡Es más accesible fidelizar clientes en un comercio minorista, de pequeño volumen, que en gran minorista o empresa de comercialización!

5.2- Contacto, atención, venta y servicios a clientes como ventaja diferencial

Hasta no hace mucho tiempo - y en algunos casos, aun hoy - el contacto con el cliente surgía en forma intuitiva y se concretaba, según el saber, entender y gusto, del responsable del negocio, o de sus empleados encargados de la venta.

Cada uno tenía su forma de encarar a un cliente, y esto a veces dependía de la cara del comprador, o del estado de ánimo del responsable de la atención.

Hoy el cliente, porque tiene muchas opciones de lugares donde ser atendido, exige e impone una sola forma de contacto y atención: ¡La mejor!

Por estas razones muchos comercios tienen casi los mismos productos para ofrecer, precios comparables, comodidades, instalaciones y promociones muy similares, pero se diferencian en forma manifiesta por la calidad de su personal y la atención esmerada de sus vendedores.

Esto es una ventaja competitiva que hay que utilizar, tanto para mantener, como para atraer y conquistar nuevos clientes.

Hacer que el cliente se sienta cómodo, desde el momento que ingresa al local, no interrumpirlo en sus primeros momentos, mientras observa las mercaderías, dejar que se familiarice con el entorno del negocio y recién después, tan pronto como ello se haya observado, ir a su encuentro, con una disposición personal y gestual que transmita confianza, cordialidad, interés y compromiso para ser de utilidad, a quién nos privilegia con su visita.

Recibir a un cliente debe ser algo similar a lo que hacemos cuando recibimos en nuestro hogar a un ser querido.

Debemos manifestar en forma clara y natural, nuestro sincero sentimiento de estar contentos y dispuestos a hacer todo lo que corresponda a nuestra función, para que el cliente pueda encontrar soluciones, beneficios, ventajas y satisfacciones, en su relación con nuestro comercio.

Una buena actitud al respecto es, luego de un saludo cordial y respetuoso, identificarnos, aun cuando tengamos una credencial en nuestro uniforme o traje, para que nos conozca por nuestro nombre y nos llame por él. Al cliente le encanta este tipo de actitudes, lo transforma en pocos segundos, de un extraño, en alguien "de la casa" Y esto motiva actitudes y compromisos ulteriores de compras.

La misma actitud debe ser tomada por aquellos vendedores que visitan a sus clientes en sus domicilios o lugares de trabajo.

La diferencia, en estos casos estriba en que hay que conseguir la entrevista. Para ello si hay intermediarios (secretarias, telefonistas, etcétera) hay que "vender" primero la entrevista y venderse uno mismo, como una persona interesada en ofrecer soluciones y ventajas.

No ofrecer productos, al comienzo del contacto, sino explicar las razones de la visita comercial.

Luego de conseguido este contacto, explicar que el objetivo de la entrevista es establecer relaciones comerciales, para ofrecer opciones con beneficios y mejoras en servicios, para quién es la empresa o el comprador potencial, para tener opciones que le permitan gozar de mayores beneficios que los que hoy probablemente consiga.

Despertar la curiosidad del interlocutor es una buena estrategia para lograr contactos eficaces. "No poner todo el asado en la parrilla, hasta que el fuego esté bien preparado" es una expresión del folklore argentino que se aplica para estas técnicas de contacto en entrevistas de ventas.

Logrado en pocos segundos este impacto de vinculación personal y humanizada el vendedor debe comenzar su tarea con preguntas al cliente tales como:

¿Puede explicarme qué es lo que busca?
¿Para qué usos y aplicaciones?
¿Cuáles son sus deseos en características y cualidades?

Volviendo al tema de la creación y mantenimiento de clientes podemos agregar que, normalmente en la pirámide de los prospectos que en su conjunto constituyen el mercado potencial de un negocio tenemos:

100% como índice de potenciales que hoy compran en su negocio o en otros negocios.

10% ó 15%, de ese total de potenciales, que compran en alguna oportunidad.

5% ó 7%, del total general que son realmente clientes, que compran habitualmente.

La verdadera función de una acción de marketing minorista es, además de conocer cómo se distribuyen estas cifras en el negocio, lograr:

En primer lugar que la proporción de compradores se incremente en forma progresiva. Y, luego, que la proporción de los compradores llegue a ser – como mínimo – un 66% de clientes fidelizados. Vale decir que dos de cada tres compradores, vuelvan y compren con frecuencia reiterada y exclusiva en su negocio. Todas las técnicas de contacto y atención persiguen apoyar la actividad para la conquista y mantenimiento de clientes que compren cada vez más.

Existe un marketing, que por este motivo se llama "el marketing orientado a la creación y mantenimiento de clientes, también denominado marketing para los compradores.

Finalmente, con relación a la venta podemos citar los siguientes pasos en las estrategias y técnicas de ventas, aplicadas al comercio minorista:

1. Contacto y presentación personal.
2. Indagación de necesidades y expectativas del cliente.
3. Presentación de productos o servicios.
4. Argumentación de características, beneficios, ventajas y satisfacciones que se pueden lograr con los productos o servicios ofrecidos.
5. Creación de valor para que el cliente perciba lo que recibe en compensación de lo que debe pagar.
6. Atención y resolución de objeciones.
7. Verificación de señales de compras.
8. Inducción para la decisión de compras .Cierre de ventas.
9. Confirmación y apoyo de la decisión tomada. Cierre psicológico.

10. Venta de artículos y servicios relacionados y complementarios.
11. Entrega y seguimiento de envíos, cobranzas y trámites administrativos.
12. Servicios de post-ventas.

Ejercicio de aplicación

En relación con los contenidos de este tema qué opina usted sobre:

¿Cuáles son los mecanismos utilizados por su comercio para atraer clientes?

¿Cuál es la relación entre clientes potenciales, compradores y clientes fidelizados?

¿Cuáles serían los planes para mejorar la conquista de compradores, dentro del universo de prospectos, de su mercado?

¿Cuáles las técnicas para fidelizar a sus clientes?

5.3- Merchandising estratégico y operativo

Dentro del marketing para los comercios minoristas, existe una función especializada denominada merchandising, que en su traducción literal significa "manejando las mercaderías en los lugares de ventas".
El merchandising surge, dentro de las tradicionales funciones de promoción, como una gestión, realizada en los negocios, con la finalidad de presentar al posible comprador los productos en las mejores condiciones comerciales y de imagen. En resumen el merchandising es el conocimiento y la práctica de actividades que permiten optimizar el uso de los espacios e instalaciones de un local de ventas, para optimizar el ambiente, la presentación y los resultados comerciales.

Hay conceptos que califican al merchandising como "la sublimación simbólica y psicológica de los productos en los lugares donde están expuestos para su venta". El merchandising sustituye la presentación tradicional y pasiva (inanimada, simplemente de almacenamiento) por una presentación activa, apelando a todo lo que puede hacer al producto más vivo y atractivo, mediante la colocación, instalación y exhibición y promoción los lugares de ventas.

¿Qué espera un comercio minorista del merchandising?

- Una presentación atractiva para el cliente.
- Un mejor aprovechamiento de los espacios del local para generar ventas y utilidades.
- Una exhibición coherente que facilite el encuentro del producto con el comprador.
- Una relación entre familias y surtidos de productos en los lugares de exposición.
- Comunicaciones visuales, llenas de atracción e impacto de persuasión.
- Promociones de productos en el lugar de ventas.
- Cartelización orientadora y vendedora.
- Reposición adecuada para evitar quiebres de stocks.
- Rotación óptima de productos en los lugares de ventas.
- Transformar a la exhibición en un "vendedor virtual".
- Mejorar el mix de ventas para beneficio del cliente y des comercio.
- Que el stock no sea vulnerable al estancamiento.

¿Qué espera el cliente del comercio, como aporte del merchandising?

- Que el comercio tenga el producto que desea el comprador.
- Que el precio esté de acuerdo con sus expectativas y valores esperados.
- Que el producto tenga las características que se enuncian en el mix de comunicaciones.
- Que la oferta sea clara y no lo confunda.
- Que el surtido sea extenso (variedad de productos y marcas).
- Que el surtido sea profundo (distinto mix de opciones por productos y marcas).
- Que el cliente se sienta satisfecho por el ambiente del comercio.
- Que hayas atenciones y servicios extras, que lo satisfagan, para volver.

Definiciones y términos usuales

Merchandising: Promoción especializada que se realiza en locales de ventas u oficinas de la empresa, puede ser personalizada o por elementos físicos especializados (carteles, exhibidores, etc.).

Degustaciones: Pruebas de productos o servicios realizados personalmente ante el cliente.

Exhibición: Presentación de productos en estanterías o muebles destinados a tal fin como góndolas, o instalaciones creadas a tal fin.

Cartelización: Letreros o transparencias, indicadores visuales empleados dentro del local de ventas o las oficinas de la empresa.

Folletería: Material impreso con descripción de productos e informaciones de uso distribuido en el interior de locales u oficinas, como apoyo de atención personal.

Reposición: Actividad de merchandising consistente en mantener los espacios de exhibición del producto con suficiente nivel de existencias.

Repositores: Personal dedicado a la reposición de productos en los lugares de encuentro con el cliente.

Vidrieras o vitrinas: Lugares especiales, ubicados en zonas estratégicas del negocio.

Punteras de góndolas: En supermercados estanterías ubicadas al comienzo y final de las paredes de las góndolas, como ventanas de exhibición privilegiada.

Islas o espacios en lugares estratégicos para exhibición de mercaderías fuera de las estanterías o espacios habituales. Son refuerzos de exhibición, con apoyo de cartelización para incrementar ventas en caminos de tránsito hacia los lugares habituales donde está la mercadería.

Material de merchandising: Elementos recordatorios de la empresa, marca y/o producto, como ser lapiceras, banderines, llaveros, agendas, etc.

Preguntas o dudas que puedan surgir del capítulo

¿Todo tipo de empresa Pyme o comercio minorista debe realizar actividades de merchandising?
¡Si! Es una función que ayuda a la decisión de compra del cliente.

¿Es de un costo elevado el merchandising?
No. Tiene por supuesto un costo razonable, pero sus rendimientos son muy altos. Generan ventas y fidelizan clientes.

¿Quiénes en la empresa deben realizar la gestión de merchandising?
Todos los que cumplen funciones en un local de ventas o en oficinas comerciales. Algunas actividades especializadas como confección de carteles, exhibidores, etc. se encargan a proveedores especializados o a agencias de promoción y publicidad.

¿Actualiza periódicamente los elementos de merchandising de su local u oficina comercial?

Es preciso hacerlo con habitualidad no inferior a una vez por mes.

¿Compara su merchandising con el de competidores directos o indirectos?

Es conveniente analizar lo que hacen bien otros negocios, no para copiarlo, sino para adaptarlo a su actividad. Siempre se aprende de las mejores experiencias tanto de mercados locales, como de regionales o globales.

¿Controla las condiciones de higiene, iluminación y presentación de su local?

A veces se puede apreciar que esta función está descuidada y ello afecta a la imagen de la empresa y del local de ventas u oficina comercial.

¿Considera al merchandising como una fuente de generación de ventaja competitiva?

Si la respuesta es positiva, busque siempre la mejora continua. Si no lo es puede tener problemas de competitividad.

5.4- Estrategias y técnicas aplicadas de negociación

Ideas fuerza
- Las estrategias y técnicas de negociación son conocimientos que se pueden adquirir y ejercitar para desarrollar negocios eficaces y rentables.
- La habilidad para negociar puede estar apoyada por alguna aptitud previa, pero siempre se enriquece con el estudio y la observación de cómo actúan los mejores profesionales en el tema.
- La negociación, como actividad técnica y estratégica, incrementa los rendimientos del negocio y evita pérdidas de oportunidades de acuerdos convenientes.
- Estos procedimientos sirven para crear y mantener mejores relaciones con

clientes, proveedores, personal y personas vinculadas al negocio. Facilitan acuerdos eficientes y de mutuo beneficio para todas las partes que intervienen.

- Todos negociamos, pero sólo con el empleo de los conocimientos y prácticas de las estrategias y técnicas de negociación podemos obtener resultados satisfactorios.
- La mayor parte de los fracasos en las negociaciones se deben a la improvisada actuación de las partes, por desconocimiento de las reglas fundamentales de la negociación.
- No existe el negociador perfecto. Siempre se puede superar la habilidad y calidad negociadora, aprendiendo de las propias experiencias y analizando lo que hacen otras muy eficientes personas o instructores.
- Mediante lecturas, cursos y prácticas que corrijan errores y enriquezcan la capacidad anterior, se puede esperar una mejora continua y altamente satisfactoria para todas las partes intervinientes.
- No hay negocio sin negociación, ni negociación que resulte un buen negocio, si no se la emplea con las estrategias y técnicas adecuadas.

Sin saberlo, todos nosotros pasamos la mayor parte de nuestra vida negociando, desde muy pequeños, para lograr lo que necesitamos tanto en el orden personal, como familiar, laboral comercial o en la vida de relaciones sociales; pero para lograr buenos resultados debemos aplicar las estrategias y técnicas disponibles a tal fin en mercados altamente competitivos los responsables de la conducción de empresas Pymes tienen que incorporar, entre sus conocimientos, habilidades y destrezas, el fluido manejo de las estrategias y técnicas de negociación, para generar relaciones con los clientes, a fin de crear oportunidades de acuerdos que se traduzcan en negocios sustentables y rentables.

Negociar es obtener lo que se necesita de los demás, sean ellos proveedores, compradores o personas involucradas en las actividades comerciales, mediante un diálogo y concesiones recíprocas que generen acuerdos de mutuo interés y beneficio. . Muchos piensan que la negociación es una aptitud con la que se nace. Realmente no es así. Todos podemos ser eficientes negociadores en la medida en que utilicemos las estrategias y técnicas que se incorporan en las competencias personales, mediante el conocimiento y la ejercitación. Por ello, en esta parte de nuestra obra nos ocuparemos de explicar en forma sintética, pero clara y fácil de aplicar, cómo emplear esta herramienta al servicio de los buenos negocios.

Definiciones y términos usuales

Negociación: Estrategia y Técnica que permite, mediante acuerdos con otras personas obtener lo que necesitamos de ellas, a través de un diálogo o relación sobre un tema de interés común.

Acuerdo: Conformidad, asentimiento a que se llega mediante concesiones recíprocas para el logro de objetivos de cada parte que interviene.

Ganar- Ganar: Condición esencial de toda negociación. Las partes obtienen en mayor o menor medida lo que necesitan. Unos pueden recibir más que otros en función de su habilidad negociadora. No es nunca un juego de suma cero, vale decir donde uno gana todo y el otro pierde todo. Ambos ganan

Posiciones: Actitudes sin fundamento válido. "Caprichos" o imposiciones unilaterales que sólo benefician sin lógica alguna a una de las partes.

Intereses: Expectativas, necesidades manifiestas o subyacentes, deseos lógicos y razonables. Motivos esenciales que con un denominador común entre las partes generan la negociación.

Estrategias: Intenciones que marcan un objetivo y un camino para llegar a los mismos. Sirven para orientar qué debemos hacer para obtener resultados positivos.

Técnicas o Tácticas: Procedimientos a utilizar para implementar las estrategias deliberadas o emergentes. Indican cómo y cuándo negociar.

Retroalimentación: Proceso de escuchar, observar y apreciar la marcha de la negociación para realizar ofertas, concesiones y tratar de arribar a acuerdos.

Evaluación: Análisis durante el proceso de la negociación para medir su eficacia. Juicio final útil para mejoras continuas y rectificación de errores.

Reglas de la negociación

Reglas de oro	Separar a las personas de los problemas
	Negociar con base en los intereses
	Emplear criterios y normas de común aplicación
	Plantear opciones

Aprendizaje: Actitud de incorporar nuevas experiencias y procesos para mejorar la calidad de las negociaciones. Siempre es posible aprender de una negociación, tanto exitosa como no favorable. También se aprende observando como lo hacen los negociadores exitosos o profesionales.

Costo de oportunidad: Cuantificación monetaria de las pérdidas resultantes de falta de acuerdos u oportunidades de conseguir concreciones.

Qué se busca en una buena negociación

El empleo de las estrategias y técnicas de negociación permiten obtener dos tipos de resultados:

Resultados objetivos: productos y servicios, precio conveniente, financiamiento deseado, calidad esperada, tiempos y lugares de entrega, etc.

Resultados psicológicos: satisfacción por los acuerdos generados. Una parte, aunque haya obtenido el mejor resultado, le hace saber a la otra el sacrificio y disposición puesta en práctica. En definitiva ambas partes mejoran el vínculo para futuras relaciones y negocios. Acredita beneficios espirituales y simbólicos.

En toda negociación, además del objetivo específico o intereses que la provocan hay otros tipos de resultados: crear y mantener relaciones para nuevas oportunidades de acuerdos. Utilizar métodos y tiempos eficientes para que la negociación sea más rápida y provechosa. Muchas veces se logran los acuerdos pero los costos reales y de oportunidad ulteriores son demasiado altos y disminuyen los efectos positivos del proceso.

Una buena negociación debe basarse en propuestas lógicas y sensatas, para no caer en el riesgo de "posiciones" que son enemigas de los acuerdos y hacen fracasar los resultados esperados. Ganar-Ganar: Vale decir, todas las partes, en mayor o menor medida obtienen lo que necesitan. No hay un ganador absoluto que "destruye" a la contraparte, porque ella es necesaria para futuras negociaciones.

Tres condiciones básicas que dan lugar al empleo de la negociación

Las estrategias y técnicas de negociación pueden emplearse en múltiples situaciones y para distintos tipos de problemas siempre que se cumplan las siguientes condiciones:

1. Intereses comunes: ambas partes necesitan llegar a obtener lo que necesitan del otro.
2. Conflicto de intereses: no hay acuerdo en cuanto a las condiciones y medios.
3. Oportunidad para hacer concesiones recíprocas: predisposición para flexibilizar ofertas y aceptar propuestas, aunque no satisfagan totalmente las expectativas originales.

Principios básicos de la negociación

Son principios y normas sin las cuales es difícil concretar acuerdos que satisfagan

Modelo de negociación

Preparación →	Negociación →	Seguimiento →	Evaluación →	Mejora contínua
Obtener información	Contacto humanización	Verificar implementación	Análisis Fortalezas Debilidades	Benchmarking
Análisis de situación	Comunicación doble vía	Contactos ulteriores	Consultas y asesoramiento	Saber oportunidades de mejora
Fijar objetivos	Planteos	Futuras negociaciones		Leer y estudiar
Identificar objetivo del otro	Escuchas	Servicios adicionales		Asistir a cursos
Definir tema a plantear	Concesiones graduales recíprocas			Entender que nadie es sabio
Diseñar la estrategia	Acuerdos			
Planificar la actuación	Cierre			
Prever alternativas contingentes				

a las partes. Ellos son:

- La negociación debe plantearse sobre bases sensatas, vale decir lógicas.
- La negociación debe responder a criterios técnicos para ser eficiente.
- Deben respetarse los vínculos entre las partes; o sea mejorar o mantener las buenas relaciones, pese a las discusiones del proceso.

Cuatro reglas de oro en la negociación

Recordamos que negociar es un proceso de comunicación, diálogo y acuerdos, mediante concesiones recíprocas, para lograr lo que necesitamos de los demás y para la consecución de beneficios de interés compartido. Las partes son socias en el encuentro de soluciones, beneficios, ventajas y satisfacciones, aunque luego cada una busque lograr la mejor parte en la distribución de los objetivos. Estas son las reglas esenciales que permitirán que una negociación resulte positiva para todos los que intervienen en ella:

- Separar las personas de los problemas. Ser duros con los problemas y blandos con las personas. Humanizarse y establecer buenos vínculos en la relación interpersonal.
- Negociar en base a los intereses y no a las posiciones. Dejar de lado las pretensiones unilaterales y a veces caprichosas, sin fundamentos lógicos, para actuar en busca de objetivos que permitan conseguir lo que se necesita del otro, aunque no sea totalmente lo más esperado, pero en última instancia un beneficio real.
- Solicitar o brindar concesiones siempre que sean recíprocas y estén basadas en criterios sensatos, que respondan a bases universalmente aceptadas al margen de las partes. Tener en cuenta condiciones y prácticas aceptadas en el medio en que se negocia.
- Ofrecer, buscar e imaginar opciones para tener un campo amplio de alternativas a fin de lograr acuerdos. Nunca es fácil cerrar una negociación en base a una sola propuesta. Cuantas más opciones se manejen, más cerca se estará del acuerdo requerido.

Estilos de negociación

Existen distintas formas de encarar una negociación y es lógico que cada negociador emplee las que le son más adecuadas a su comodidad y preferencia. Sin
embargo, hay actitudes que deben ser controladas para evitar que el estilo se
transforme en una conducta negativa y opere en contra de los intereses de cada
una de las partes.

En este sentido, podemos distinguir las siguientes actitudes nocivas para los intereses de las partes y que por lo tanto deben evitarse:

Ser Blandos: algunas personas creen que para obtener lo que necesitan en las
negociaciones siempre deben ceder y aceptar todo lo que pretende la contraparte
y de esa forma, por temor o comodidad, como también por falta de conocimiento
siempre se perjudican en la parte que les corresponde al final de la negociación.
La excusa es que no les gusta negociar, pero en esencia lo que determina este tipo
de conducta es una práctica facilista pero nociva para el que la practica.

Ser Duros: es lo contrario del tipo de actitud antes señalada. Esta conducta hace
que una de las partes, o ambas sean inflexibles, no estén dispuestas a realizar concesiones y por el contrario tratan de imponer sus condiciones sin tener en cuenta
los intereses de la contraparte, con la que buscan soluciones conjuntas. Generalmente este tipo de estilo hace perder oportunidades de negocios para todas las
partes. Cuando una persona toma una actitud dura, la otra puede tratar, mediante
las técnicas de la negociación, de hacerle notar el perjuicio de su posición, como
una forma de acercarse a un acuerdo. Destacamos que no siempre se logran resultados, pero vale la pena el intento. Sólo cuando las dos partes son duras, la
negociación, salvo excepciones, fracasa.

Negociación Estratégica y Técnica: es la que basada en los principios que desarrollamos en este capítulo, busca obtener lo que se necesita de la contraparte
mediante diálogo, concesiones recíprocas anteponiendo intereses a posiciones y
aplicando las cuatro reglas de oro que señalamos precedentemente: Separar los
problemas de las personas; Negociar en base a intereses y no a las posiciones;
Basarse en criterios y normas válidas para el medio en que se actúa, con lógica y
sensatez; y Plantear siempre opciones que faciliten el acuerdo.

Una negociación basada en la estrategia y la técnica tiene más probabilidades de culminar exitosamente que cualquier otro tipo de intento. En la practica, lamentablemente por falta de conocimiento o aprendizaje son muchas las experiencias negativas, no por razones válidas, sino por impericia. Por ello recomendamos a los empresarios Pymes el empleo de este tipo de estrategias y técnicas que cambiarán rotundamente el resultado de sus negocios.

Modelo de negociación

Un modelo es una forma de describir cómo proceder. En este caso nos indica el camino a seguir para emplear las estrategias y técnicas de negociación para negocios exitosos. Es un mapa de recorridos, o en una metáfora muy actual un verdadero "G.P.S" que nos indica cómo manejar una negociación. A continuación presentamos este modelo que recomendamos tener presente en cada negociación, adaptándola a cada circunstancia y a cada contraparte.

Ejercicio de interactividad y aplicación

¿Pensó cuál es su estilo de negociación teniendo en cuenta la clasificación indicada en este capítulo?

Si descubre que tiene características de los estilos "blandos" o "duros" le recomendamos comenzar la tarea de reemplazarlos por los procesos indicados en las estrategias y técnicas. Verificará cómo rápidamente los resultados le serán francamente más favorables.

¿Realiza una evaluación de la conducta empleada en cada negociación? A la finalización de cada operación le sugerimos hacerlo con el fin de comparar lo actuado con lo recomendado en las técnicas y estrategias para analizar oportunidades de mejoras, cambios o bien capitalizar aspectos positivos que conducen a buenos resultados. Es el mejor aprendizaje para mejorar rendimientos en los negocios.

¿Analiza estilos y criterios de negociación de su contraparte en cada oportunidad de gestión comercial? Hágalo en el futuro y conseguirá liderar la negociación llevando a su contraparte a cambiar una posición de duro a flexible y conseguir las concesiones que de otra manera no logrará para cerrar acuerdos de mutuo beneficio.

¿Si en su organización intervienen otras personas para gestionar los negocios, emplean ellos también técnicas o tienen estilos que no se ajustan a los requisitos para mejorar resultados? En caso de ser así, le recomendamos la lectura de nuestras estrategias y técnicas y le aseguramos que sus rendimientos mejorarán notablemente. ¿Planifica con anticipación cada negociación a realizar? Si es así le recomendamos seguir el modelo indicado. Si no lo hace, le proponemos de ahora en más dedicar un tiempo aunque sea breve a pensar en cómo encarar cada negociación para asegurar su mejor rendimiento y resultados. Las negociaciones se ganan o se pierden en la etapa de planificación y si ella no se efectúa lo más lógico es un resultado incierto o negativo, que es posible evitar.

¿Cuándo y para Qué utilizar las técnicas y estrategias de negociación?

Siempre, tanto en la vida comercial, como laboral, para compras, bancos, seguros, y demás proveedores. En lo personal para relaciones familiares y sociales.

No deje para mañana el empleo de las técnicas y estrategias de negociación. Un viejo proverbio inglés dice "Time is money" o sea tiempo es dinero. Aprovéchelo en su beneficio. Aplique en todos los órdenes de su vida personal, social y comercial estos procesos y sus resultados positivos se incrementarán "asombrosamente".

5.5- Estrategias y Técnicas de Ventas

Ideas fuerza

- Vender es ayudar a comprar. Hoy por la variedad de ofertas, precios y lugares de compras el cliente tiene un dilema muy grande: necesita el bien o servicio, pero no sabe o tiene dudas sobre qué adquirir, dónde hacerlo y qué precio pagar.

- La venta es una habilidad profesional necesaria para todo tipo de transacción, aun para la de menores precios y por supuesto para la de los más altos. Es vigente para todo tipo de negocios y cualquier momento en que se realice.

- La venta en cada caso y ante cada cliente es un proceso creativo, original y de adaptación hacia el comprador. No puede ser repetitiva y de características idénticas para distintos casos, aun cuando se trate del mismo cliente.

- Las estrategias y técnicas de ventas facilitan las buenas relaciones y vínculos con el cliente. Generan confianza y disposición de compras. Ayudan a tomar decisiones frente a incertidumbres cada vez mayores. Producen satisfacción tanto para el comprador como para el vendedor.

- Las ventas se planifican en algunos casos en períodos anteriores al encuentro entre el cliente y el vendedor, Pero también se deben planificar, mediante indagaciones, y diálogos con el comprador en el mismo momento del encuentro. A veces son suficientes pocas preguntas como por ejemplo: ¿Para que usos destinará el producto solicitado?, o ¿Puede indicarme cuáles son sus preferencias o inquietudes de lo que está buscando?

- Las estrategias y técnicas de ventas no quitan la creatividad del vendedor, por el contrario las potencian y liberan de riesgos normales. Son factores enriquecedores del "poder de negociación y concreción de negocios rentables", tanto para el vendedor como para el comprador.

- Los principios éticos de la venta son esenciales para su aplicación. Decir siempre la verdad, no ocultar aspectos que luego pueden afectar los intereses del comprador, no prometer lo que se sabe de antemano que no se cumplirá y siempre actuar en función de intereses de recíproco valor. La ética en ventas es una ventaja competitiva que produce.

- Resultados a corto, mediano y largo plazo. Además contribuye a mantener clientes fieles y consecuentes.

La venta es una de las actividades personales y empresariales más antiguas de la humanidad. Sin embargo a través del tiempo sus procedimientos se han perfeccionado y hoy constituyen una metodología que permite concretar con éxito todo tipo de transacciones. Se venden bienes, servicios, ideas y todo aquello que pueda ser transable.

Las estrategias y técnicas de ventas facilitan las relaciones entre las partes y conducen al logro de los objetivos buscados. Eliminan riesgos comunes de pérdidas de oportunidades de negocios y sirven para que al cliente le resulte más accesible y fácil tomar decisiones de compras.

Las ventas hoy están, como proceso, dentro del campo de las negociaciones y del marketing. Utilizan sus reglas para consolidar su fuerza creativa y su poder de convicción y persuasión. Hacen, también más segura la actuación de los vendedores y contribuyen a su eficacia y competitividad.

Tradicionalmente se menciona el falso paradigma de que la venta es una aptitud innata de algunas personas. Más aun en muchos casos se piensa que el vendedor "nace". No es así, como lo vimos en Estrategias y Técnicas de Negociación. La venta es una habilidad social adquirida que toda persona que se interese puede desarrollar. Hay quienes tienen mayores aptitudes y logran la excelencia, pero también cualquiera con conocimientos y prácticas correctas puede hacerlo satisfactoriamente. En conclusión, las estrategias y técnicas de ventas se aprenden y perfeccionan a través de prácticas, cursos, lecturas, observaciones y especialmente de la propia experiencia, que nos indica cuáles son las debilidades del proceso empleado y cuáles sus virtudes, para en el primer caso corregirlas y en el segundo repetirlas y si es posible ampliarlas en su calidad.

Existen muchas definiciones de lo que son las estrategias y técnicas de ventas, pero en los momentos actuales, en mercados muy competitivos, donde son mayores las ofertas que las demandas de bienes y servicios y donde la innovación y el cambio de conductas de los compradores son constantemente crecientes, podemos indicar que constituye un proceso basado en la actividad personalizada o por medios indirectos (internet, telefonía, televisión, radio, etc.) de informar, orientar, asesorar y ayudar al cliente a elegir el producto o servicio que mejor se adapte a sus necesidades y expectativas. En consecuencia podemos sintéticamente señalar que estas estrategias y técnicas "ayudan a comprar" con convicción y persuasión.

El vendedor profesional o eficiente es aquel que, a través de su gestión se transforma, simbólicamente, en el "jefe de compras" de su cliente.

Hasta no hace mucho tiempo se pensaba que la venta era el proceso que por sí solo producía la compra. Vale decir que era la "semilla" que producía el fruto.

Hoy no hay dudas que las estrategias y técnicas de ventas sirven para identificar las características y potencialidades de la compra, para recién entonces adaptar sus mecanismos a la generación de las decisiones que concretarán las operaciones comerciales. Vale decir que la venta opera como un proceso útil para desarrollar compras. Las "fertiliza", activa y transforma en transacciones comerciales.

En otros términos, debemos indicar que el origen de la venta está en el complejo campo de las conductas de compras, que una vez analizadas y valorizadas permiten orientar el proceso específico de ventas. Vender es "facilitar" la decisión de compras que está latente en el cliente. La venta no crea la compra, sino que pone en funcionamiento su mecanismo de deseo, decisión y acción.

Antiguas definiciones de ventas indicaban sus objetivos esenciales, sintetizados en la sigla "A.I.D.A" que significa: atención, interés, deseo y acción, que en esencia es de lo que ocupan sus estrategias y técnicas especializadas.

Por ello, la venta ha dejado de ser una mera actividad operativa o de transacciones para pasar a ser, además, una gestión mental de inteligencia, análisis e identificación de necesidades y oportunidades de ofrecer soluciones, beneficios, ventajas y satisfacciones de recíproco interés tanto para el comprador como para el vendedor.

Definiciones y términos usuales

Vender: Es una actividad personal y también por medios no personalizados, como ser internet, teléfono, televisión y/o radio, cuyo objetivo es facilitar el proceso de compras del cliente.

Negocio: Actividad entre dos o más personas que buscan soluciones, beneficios, ventajas y satisfacciones para cubrir en forma recíproca intereses y necesidades.

Negociación: Proceso de diálogo entre las partes para conseguir lo que se necesita del otro, mediante acuerdos y concesiones recíprocas. La venta es una etapa ulterior en la gestión de la negociación. Para vender primero hay que negociar. La negociación sin venta posterior sólo genera acuerdos, pero no transacciones.

Relaciones entre procesos de compra y venta

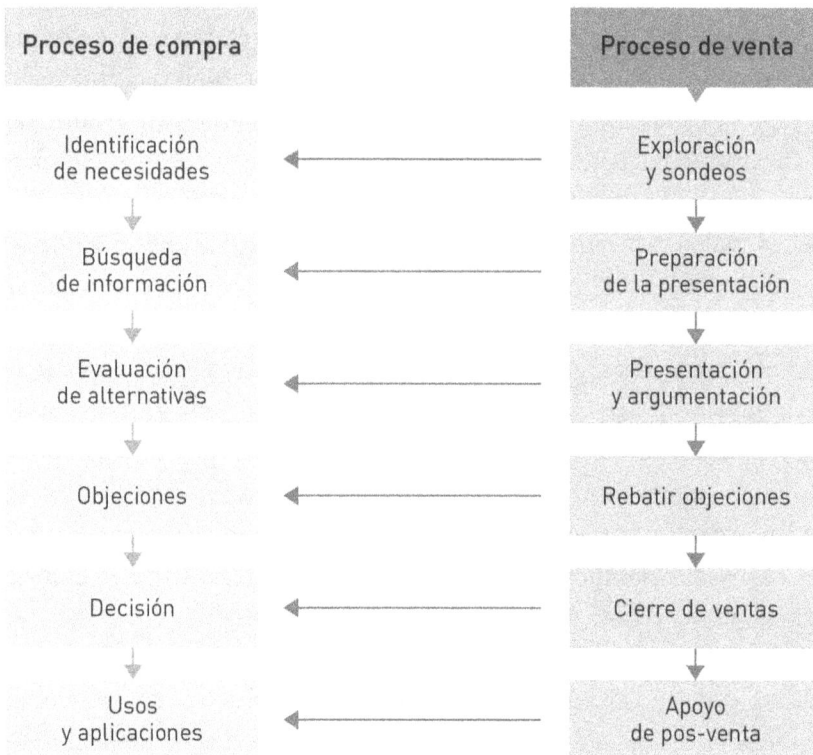

Proceso de compra	Proceso de venta
Identificación de necesidades	← Exploración y sondeos
Búsqueda de información	← Preparación de la presentación
Evaluación de alternativas	← Presentación y argumentación
Objeciones	← Rebatir objeciones
Decisión	← Cierre de ventas
Usos y aplicaciones	← Apoyo de pos-venta

Las estrategias y técnicas de ventas: Integran un proceso para concretar un negocio. Las estrategias definen el "Qué" hay que hacer y las técnicas o tácticas son los procedimientos y gestiones para conseguir los resultados. Las estrategias establecen los objetivos y las tácticas las gestiones o pasos para conseguirlos.

Comunicación de doble vía: La venta se desarrolla mediante la creación de un vínculo entre las partes y usa la comunicación de doble vía que debe comenzar con el conocimiento del cliente, sus necesidades, expectativas y posibilidades económicas y financieras.

Soluciones: La venta cubre necesidades manifiestas y latentes del comprador.

Beneficios: Valor agregado que aporta la venta a través de la presentación, argumentación y propuesta de bienes y servicios. Los beneficios pueden ser materiales y simbólicos (confort, prestigio, etc.).

Ventajas: El cliente antes de comprar se platea interiormente ¿Por qué debo hacerlo? La venta para producir la transacción debe explicar las ventajas que ofrece sobre otras opciones. Sin ventajas percibidas no hay venta posible. Las ventajas deben siempre ser para todas las partes que intervienen en la venta.

Satisfacciones: Sensaciones ulteriores a la compra que motivan al uso, y refuerzan las decisiones tomadas, a veces con cierto grado de incertidumbre. En última instancia es el destino final de toda la venta: producir satisfacciones tanto al comprador como al vendedor.

Aprendizaje: La venta debe generar un proceso de aprendizaje de doble vía. El vendedor aprende sobre lo que el cliente necesita y espera. El comprador aprende las soluciones, beneficios, ventajas y satisfacciones que ocasionarán su decisión. Hay dos preguntas que enmarcan este proceso: ¿Qué aprende el cliente del vendedor, el producto, la marca y el lugar de compras? ¿Qué aprende el vendedor de su cliente para generar la mejor atención y oferta?

Activación: La venta activa las motivaciones de compras del cliente. Ante muchas opciones el cliente tiene que elegir, pero no siempre sabe qué decidir. Entonces la venta opera como un proceso que activa la conducta de compras. Una tradicional consigna de ventas dice: "la venta comienza cuando el cliente dice no". Porqué aquí es donde se requiere el empleo de las estrategias y técnicas de ventas, aunque el resultado ulterior no siempre sea positivo. En algunas oportunidades el cliente solicita y compra directamente el producto sin mayor intervención del vendedor, pero en estos casos no hay gestión de ventas, sino entrega o despacho del producto o servicio solicitado. En las ventas por el sistema de auto-servicio las estrategias y técnicas son reemplazadas por promoción, exhibición, merchandising y ofertas de precios.

¿A quién se le puede vender?

Tres son los requisitos que una persona o entidad compradora debe reunir para que la venta sea posible:
1. Necesidades latentes o manifiestas.
2. Deseos de compra.
3. Poder adquisitivo.

Cualquiera de ellas que falte hace imposible que se produzca el acto de venta.

El proceso de compras y el proceso de ventas

El origen del proceso de ventas está en el proceso de compras del cliente. Vale decir: la identificación de las carencias, necesidades y deseos del comprador son la base o cimientos que luego permitirán desarrollar la gestión de ventas.
Por ello el vendedor debe profesionalizarse en su rol, mediante el conocimiento y aplicación de las estrategias y técnicas de ventas.
Usando la terminología de la disciplina informática podemos clasificar la acción de ventas en "hard" (fuerte, agresiva, estática) y en "soft" (flexible, adaptativa, dinámica, consultiva). En un comienzo la venta fue una técnica "hard", hoy necesariamente debe ser "soft" por razones de eficacia y competitividad.

En una relación de causa a efecto, la compra es el antecedente o madre del proceso y la venta su consecuencia.

De este gráfico resulta que en primer lugar el vendedor debe identificar la necesidad del cliente. Para ello emplea el primer paso de la técnica: la "exploración", mediante preguntas y sondeos, vale decir comienza con un análisis de situación y diagnóstico para comprender cómo funciona su proceso de compras. En algunos casos – los menos frecuentes- el comprador requiere un producto o servicio en forma tan explícita o directa que este paso resulta menos necesario y puede obviarse.
Una vez identificada la necesidad del cliente, éste inicia la búsqueda de la infor-

mación, para orientar su futura decisión, por lo que el vendedor, en la segunda etapa de su proceso de venta, evaluará las alternativas más convenientes para su posterior presentación. Esto es el proceso de "planificación de la presentación", que puede plantearse en el mismo momento del encuentro con el comprador o bien si es posible con anticipación al mismo.

A continuación el cliente necesitará evaluar alternativas, para lo que el vendedor realizará su presentación, con argumentos adecuados a la situación, para generar información convincente y persuasiva. Esta etapa es la "presentación" que abarca la demostración, argumentación y fundamentación, para indicar con exactitud, soluciones, beneficios, ventajas y satisfacciones que el producto o servicio ofrece al cliente.

Antes de tomar una decisión, el comprador generalmente plantea sus dudas, preguntas o inquietudes, algunas manifiestas y otras tácitas, pero detectables, por señales, gestos u otro tipo de expresiones. Se llaman "objeciones" y deben ser técnicamente administradas para resolverlas y poder pasar a la decisión de compras. Normalmente se expresan varias objeciones, en forma simultánea o sucesiva, todas ellas requieren suficientes respuestas para salvarlas; de lo contrario no se produce la compra.

El vendedor en esta etapa del proceso debe emplear las técnicas de "rebatir o superar objeciones". Superadas éstas, las señales de compra del cliente indican el empleo del "cierre de ventas" Las señales de compras son gestos, preguntas de interés, afirmaciones positivas y de pleno acuerdo con los argumentos del vendedor, etc. Volviendo al cierre de ventas podemos decir que es una ayuda al comprador para decidir. El cliente está ya dispuesto para comprar, pero aun no maduró su decisión y con esta etapa del "cierre de la venta" se logra facilitar "el si". Más adelante, por separado, ilustraremos sobre diferentes técnicas para cerrar la venta. Todas ellas son útiles tanto para el comprador que se libera de incertidumbres, como para el vendedor que logra su objetivo de vender.

Una vez que se tomó su decisión, el cliente, tácita o explícitamente, necesita asesoramiento sobre aspectos ulteriores a la compra. Como ser fechas de entrega, instalación mantenimiento, repuestos, condiciones y oportunidades de uso, garantías, etc. Aquí el vendedor debe completar su tare con la última etapa del proceso de ventas que consiste en el "apoyo de posventa".

Por otra parte, como explicaremos más adelante, en este capítulo, existe una etapa complementaria pero incluida en el proceso de venta y es la del "seguimiento de la venta", que consiste en ocuparse del cliente después de la compra. Llamándole para preguntar su grado de satisfacción o sus consultas eventuales, preguntándole sobre requerimientos adicionales o bien para ofrecerle nuevas oportunidades de compras y servicios. Esta acción contribuye también a la fidelización del cliente y al desarrollo de ventas complementarias.

Estrategias de ventas

Las estrategias son las intenciones expresadas en planes o programas. Indican "QUE" hay que hacer y cuáles son los caminos a seguir para su desarrollo. Primero están las estrategias y luego, como consecuencia de ellas, las actividades y acciones. Las estrategias siempre son creativas y dinámicas. No estructuradas ni estáticas. Se renuevan constantemente y están influenciadas por las oportunidades del mercado, las actitudes de los clientes y la acción de la competencia. Tienen relación con factores no controlables del entorno o mercado.

Hoy, las renovadas crisis económicas, internas y externas, obligan a procesos muy activos de generación constante de estrategias. Las estrategias deben ser elaboradas por los responsables del área, sus líderes, pero siempre en contacto, recibiendo las informaciones y recomendaciones de todos sus integrantes, sin niveles de distinción. Es como un embudo, donde ingresa mucha información y sale una línea estratégica. Las estrategias cuando se elaboran y ponen en práctica se denominan "deliberadas" u originales, pero luego las circunstancias cotidianas obligan a ajustes o cambios que dan lugar a las "estrategias emergentes". En un balance actualizado en ventas, hoy en día son mayores las estrategias emergentes que las originales o deliberadas. Antes, no hace mucho tiempo atrás, las estrategias se renovaban como mínimo una vez por año. Hoy, puede ser que las estrategias se retroalimenten y cambien en cualquier momento, sin importar su vigencia de origen.

Antes la venta, como proceso era una gestión táctica u operativa, hoy es esencialmente estratégica, además de la gestión imprescindible y muy profesionalizada mediante el empleo de conocimientos y sistemas especializados de última generación. Las estrategias de ventas se ocupan, entre otros de los siguientes temas del proceso:
- Qué productos o servicios deben ser ofrecidos, en qué mezcla y con qué argumentos.
- Cuáles son las soluciones, beneficios, ventajas y satisfacciones de lo ofrecido al cliente.

- A qué segmento del mercado realizar las ofertas.
- Cuáles son los precios y condiciones de ventas.
- Cómo, cuándo y quién establecerá el contacto con el cliente.
- Frecuencia de visitas y contactos.
- Zonas o áreas geográficas o espacios físicos en los que se realizarán las gestiones.
- Objetivos y presupuestos de ventas.
- Rentabilidad por líneas de productos o servicios.
- Sistemas de retribución e incentivos para los vendedores y personal del área.
- Capacitación y entrenamiento.
- Supervisión de ventas.
- Seguimiento de ventas.
- Análisis de gestiones y resultados.
- Calidad y mejora continua en el proceso.
- Información a recibir, utilizar y transmitir, para inteligencia comercial.
- Coordinación con otras áreas de la empresa.
- Servicios al cliente.
- Participación en el mercado.
- Análisis de mezcla y ABC de productos.
- Estudio permanente de cartera de cliente.
- Desarrollo de nuevos clientes y distribuidores.
- Benchmarking para aprender prácticas utilizadas por los mejores en el mercado.
- Tablero de control de ventas.

Técnicas y tácticas de ventas

Las técnicas, también llamadas tácticas u operaciones, son las gestiones que se desarrollan para poner en vigencia las estrategias planificadas. También podemos indicar que las técnicas son las actividades planificadas para conseguir la mayor eficiencia y competitividad, en beneficio de resultados óptimos, tanto para el cliente, como para la empresa.
A diferencia de las estrategias las técnicas son más estructuradas y se ajustan a patrones uniformes de gestión. Son múltiples y requieren elección para cada uso.
Las técnicas se ocupan de las siguientes etapas del proceso:

Antes de la venta: conocimiento del mercado, del cliente, de la empresa, del producto, de las condiciones de ventas, de la competencia, de las gestiones administrativas y de crédito, de las técnicas de ventas y estrategias que las orientan, de los objetivos a lograr, de la capacitación y entrenamiento.

Durante la venta: contacto, exploración presentación, argumentación, administración de objeciones, cierre de ventas, asesoramiento de uso y mantenimiento.

Con posterioridad a la venta: servicios al cliente, seguimiento de ventas, comunicación periódica, fidelización de cartera de clientes. Ventas complementarias. En lo personal relacionado con el vendedor: análisis de preformases, actualización de conocimientos, mejora continua, benchmarking,

Etapas y pasos del proceso de ventas

El proceso de ventas se integra con un conjunto de acciones eslabonadas armónicamente. Cualquiera de ellos que se omita, o realice en forma imperfecta, influye en los resultados finales.

Las etapas son:

1. Preparación.
2. Contacto.
3. Indagación – sondeos.
4. Presentación.
5. Argumentación.
6. Manejo de objeciones.
7. Cierre de ventas.
8. Servicios de posventas.
9. Evaluación de gestión y resultados.
10. Seguimiento.

La etapa de preparación: consiste en el análisis de situación previa al contacto con el cliente. Abarca el tratamiento de la información sobre:

- Producto, empresa, condiciones de ventas, entregas, garantías y demás factores componentes de la oferta a realizar.
- Antecedentes del mercado y los clientes. Tipología de ellos, target o segmento al cual dirigirse, expectativas y conductas habituales de compras de los clientes.
- Conocimiento de la actividad de la competencia, quiénes son, qué ofrecen y cómo lo hacen.
- Estrategias y objetivos de ventas a cumplir.

- Plan de visitas o sistemas de atención en locales de ventas.
- Información sobre stocks disponibles, plazos y mecanismos de entrega.
- Actividades de marketing que pueden utilizarse como apoyo de venta.
- Capacitación continua sobre producto, estrategias y tácticas de venta.

La etapa de contacto: consiste en la actitud o modalidad a emplear para encontrarse y relacionarse con el cliente ya sea cuando se lo visita, o bien cuando se lo recibe en la oficina o salón de ventas. También se aplica para ventas telefónicas, por internet u otros métodos no directos.

El contacto consiste en la creación de un "raport", empatía o vínculo con el cliente, para facilitar una comunicación confiable y convincente y para "romper" las barreras de defensa que normalmente tiene todo comprador en función de sus intereses y propósitos.

Existe un paradigma de ventas que dice que en los primeros sesenta segundos del encuentro se abren o cierran las posibilidades de un proceso exitoso de ventas.

Para ello, deben seguirse las siguientes normas o prácticas:

- El cliente debe sentirse cómodo desde el primer instante del contacto con el vendedor.
- El vendedor de humanizarse o sea primero venderse él como una persona que está al servicio del cliente, para atenderlo y resolverle con eficacia su necesidad de compras. Interesarse más por la persona del comprador que por el objetivo de la venta. Romper ese viejo estigma que califica al vendedor como una persona que sólo quiere su beneficio a costa del cliente. Vale decir convertir en su imagen al vendedor que intenta por cualquier medio de hacer su negocio, en una persona que ayuda a comprar para beneficio y satisfacción del comprador.
- Demostrar interés y satisfacción por el encuentro con el cliente. Actuar en forma cordial, entusiasta y respetuosa.
- Buscar una presentación y actitud que demuestre claramente una imagen de tener un "compromiso con el cliente", una vincha imaginaria que en su frente diga: "usted me interesa y estoy para ayudarlo a comprar".
- Venderse personalmente, antes que vender su producto o servicio.
- Dé a su cliente su nombre, aunque lo lleve en una tarjeta de identificación y pre-

gunte al cliente su nombre y apellido para nombrarlo. Siempre que sea posible, trate de utilizar su nombre de pila en lugar del habitual y tradicional "señor". Nunca emplee la palabra caballero, es de mal gusto (figura en todos los baños).

- Realice preguntas y sondeos, en primer lugar relacionados con la persona del cliente o las condiciones del tiempo o momento de encuentro. Si es en la oficina del comprador haga mención a algún detalle relevante que permite abrir la comunicación con un tema de interés para el cliente.

- Escuche con interés y atención, piense mientras el cliente habla qué es lo que busca, qué conoce y qué no conoce de los productos y servicios que usted ofrece.

- Es importante hacer hablar al cliente y escucharlo. El cliente debe, desde el primer contacto, hablar más que el vendedor. Esto facilita el vínculo y predispone la comunicación, porque el cliente siente que "domina" la situación, en lugar de ser dominado, que es lo que nadie prefiere, aun en la necesidad de comprar.

- Trate de identificar razones de compra y no compra. Motivaciones y actitudes, deseos, necesidades expresadas y latentes.

- Indague sobre los verdaderos objetivos para los que se compra, destinos usos, etc.

- Siempre busque coincidencias y acuerdos con las opiniones de los clientes, salvo que estas fueran incorrectas o falsas. En este caso no discuta sino trate de demostrar cuál es la verdad sobre el tema cuestionado, con cortesía y respeto.

- Proponga soluciones o en su defecto manifieste su inquietud por encontrar opciones.

- Desde el comienzo hable de los beneficios, ventajas y satisfacciones que se consiguen con su oferta.

- Aliente al cliente a clarificar sus inquietudes, temores y dudas, para poder resolverlas.

- Trate de no mostrarse apurado, inseguro o indiferente. Si el cliente no sabe, o duda, sea diligente para ayudarlo y colabore en su búsqueda de satisfactores.

- Nunca contradiga al cliente y menos en los primeros momentos de su encuentro con él.

- Evite entrar en comentarios o análisis que contribuyan a crear un clima negativo o pesimista, como por ejemplo: ¡Qué mal que están las cosas!, ¡Qué terrible las noticias de hoy!, etc.

- Cuando note que hay "tensión", inseguridad o nerviosismo en el cliente, trate de reducir la situación de estrés. Tranquilícelo, mediante palabras como estas, por ejemplo, "veamos tengo buenas noticias para usted", "si me permite le mostraré algo que será de su interés", etc.

- Si el cliente está o viene acompañado por otras personas, interésese por ellas. No les sea indiferente. Hágalas participar del encuentro y si es posible busque su coincidencia. A veces la persona menos pensada del grupo, es la que decide o influye en la compra.

La etapa de presentación: Una vez establecido el contacto y luego de las indagaciones y sondeos previos, el vendedor está en condiciones de realizar la presentación del bien o servicio que más se adapte para cubrir las necesidades y expectativas del cliente.

La presentación consiste en:

- La comunicación y explicación personal. Aquí entra en escena el producto o servicio.
- La exhibición, demostración o detalle de lo que el bien o servicio puede hacer para las soluciones, beneficios, ventajas y satisfacciones demandadas por el comprador.
- El aporte del material de promoción, degustaciones, pruebas y la ayuda de elementos visuales o muestras.
- Aquí se aplica el principio universal de "ver para creer".

Existen tres modalidades o estilos de presentaciones:

Esquema de argumentación

Preparar para cada producto un esquema de argumentación que los vendedores utilizarán en sus presentaciones de ventas

Características	Beneficio para el cliente	Ventaja comparativa	Necesidad latente o manifiesta
1.			
2.			
3.			
...			
n.-			

1. Estandarizadas, enlatadas o memorizadas (repetitivas y estáticas).
2. Diagramadas: desarrolladas en base a criterios y ejes centrales, adaptada a cada operación y cada cliente. Creativas y dinámicas. No estructuradas. El vendedor tiene una batería de elementos y hace uso de ellos en función de cada instancia para lograr la mayor focalización y eficacia.
3. Programadas: son efectuadas con planificación previa a la entrevista, dentro o fuera de la empresa, con intervención de un equipo de entendidos, como ser vendedor, técnico de producción, gente de finanzas y créditos, etc. A veces incluyen pruebas y demostraciones así como visitas a planta. Videos y ronda de diálogo sobre la operación. Estas presentaciones son muy utilizadas para comercialización de equipos industriales y servicios de alta complejidad y mucho valor. Se emplean también en venta de servicios de consultoría, publicidad, auditoría y asesoramiento legal. Son actualmente empleadas para comercialización de servicios educativos, tanto a nivel primario, como secundario y universitario.

De las tres modalidades señaladas precedentemente, la primera debe descartarse siempre, porque no son productivas y además no agradan al cliente. La segunda, es la más recomendada porque cumple con los requisitos para facilitar el proceso de compras y la tercera se aplica en los casos específicos indicados.
Los requisitos para una buena presentación son:

- Programación y ensayo previo.
- Hablar el lenguaje del cliente.
- Seguir un orden lógico y entendible.
- Lograr percepción clara y aprendizaje del cliente, para evitar dudas o temores.
- Apelar a los cuatro vínculos que generan motivaciones: racionales, de prestigio, de pertenencia y de seguridad y protección.
- Siempre deben ser apoyadas con presencia del producto o esquemas que hagan tangibles los servicios, con apoyo de elementos audiovisuales y escritos. Folletos, planos, instrucciones de usos, etc.
- Poner en ejercicio todos los elementos que impacten a la sensibilidad del comprador.
- Realizar a la finalización pruebas de comprensión y verificación de entendimiento para asegurar resultados ulteriores de compra.

- Hacer hablar al cliente para conocer su opinión y lograr su acuerdo.

La etapa de argumentación: Consiste en describir características, beneficios, ventajas y aplicaciones de los bienes y servicios ofrecidos.

El cliente no compra bienes o servicios, sino el valor que él necesita que los mismos le brinden para cubrir sus necesidades.

La argumentación permite, mediante exposiciones personales o escritas, ilustrar sobre los contenidos de valor de la oferta que se realiza en el proceso de ventas.

Argumentar es informar sobre elementos, funciones y resultados de productos y servicios, para que el comprador pueda formularse juicios propios de valor objetivo y emotivo.

Siempre es conveniente que después de una argumentación el vendedor efectúe a su cliente una pregunta de valor para verificar si él entendió el significado de la misma. Esta pregunta puede tener distintos matices, como por ejemplo: "¿Qué le parece?," o bien "¿Está usted de acuerdo?, Me interesa su opinión".

Los argumentos complementan el valor de los productos y servicios, ya que hasta que no se emplean ellos son sólo bienes. Recién después de la argumentación se convierten en "satisfactores", y los compradores en definitiva no buscan productos sino las satisfacciones que los mismos pueden darle para sus requerimientos y deseos. La argumentación, dentro del proceso de ventas, debe ser un diálogo, donde interactúen el cliente y el vendedor. El liderazgo, aunque sutil, siempre corresponde al vendedor, aun cuando el comprador tenga amplia participación en la comunicación de doble vía.

Para poner en práctica la etapa de argumentación es necesario elaborar un modelo donde en orden correlativo se indiquen: primero las características del producto o servicio, o sea sus componentes distintivos (materias primas, procesos de elaboración, calidad, aplicaciones, etc.). En segundo lugar para cada característica hay que señalar el beneficio que ella reporta al cliente. Luego las ventajas del producto o servicio con relación a otras opciones y por último el valor esencial que en el conjunto las características, beneficios y ventajas proporcionan al comprador. De esta forma una por una de las características genera la argumentación útil para la percepción, convicción y persuasión del comprador. El sentido del uso de este método de argumentar es siempre horizontal y de uno por vez, concluyendo finalmente con la pregunta de valor ¿Qué le parece? Veamos en el siguiente esquema un ejemplo de esta forma de argumentación que recomendamos se redacte por escrito y por producto, para uso de todos los que intervienen en la venta. También sugerimos incluir en la carpeta de los vendedores cada uno de estos gráficos de argumentación.

Si a la finalización de la argumentación realizada para una característica surge por parte del cliente una objeción, además de atenderla con atención, se pasa a una siguiente característica, hasta lograr el acuerdo, que como señal de compra lleva al cierre de ventas. A veces es necesario recurrir a tres o cuatro características como técnica de rebatir objeciones hasta la concreción de la venta. No es recomendable insistir en más y entonces pasar al denominado cierre diferido de ventas que es una forma elegante de concluir la negociación no realizada, invitando al comprador a un nuevo contacto para otra oportunidad futura. De esta forma no se obtiene la venta, pero se intenta retener al cliente para más adelante.

La etapa de rebatir objeciones: Una objeción es una expresión de desacuerdo, o también de duda o inseguridad, que en el caso del proceso de ventas representa un obstáculo a salvar para que la operación pueda seguir su curso.
Las objeciones generalmente se plantean cuando el cliente no percibe las soluciones, beneficios, ventajas y satisfacciones esperadas, por falta de argumentos o por no ser éstos lo suficientemente convincentes. Pero también a veces las objeciones son estrategias de compras que se expresan para conseguir mayores ventajas en las condiciones ofrecidas.

Hay dos tipos de objeciones:

a) Las falsas.
b) Las verdaderas.

Las objeciones falsan son aquellas basadas en el desconocimiento de la realidad, por parte del cliente, o bien por una deliberada intención de poner a prueba al vendedor o sacarle algún beneficio económico.
Se diluyen fácilmente argumentando sobre características, beneficios, ventajas y aplicaciones, que sin duda modificarán la actitud previa del cliente. En este caso, después de observar las señales de aceptación, el vendedor pasará a la etapa del

cierre. Cuando una objeción después de tres o más intentos no da resultados, obviamente la señal es que el cliente no está dispuesto a comprar. En este caso la actitud del vendedor debe ser la de conquistar al cliente, en virtud que la venta es imposible. Para ello puede proceder de esta forma: "aprecio sus opiniones, aunque lamento no poder satisfacer en esta oportunidad a sus requerimientos. De todos modos me interesa tener la oportunidad de una nueva visita ¿Puede ser dentro de 45 días, o le parece antes? Para el caso de una venta de salón, el vendedor dirá: "cuanto lo siento, en verdad me hubiera gustado poder satisfacerlo, de todos modos si me permite le dejo mi tarjeta y espero su próxima visita ¿Puede ser? Gracias. "u otro ejemplo: "si me deja sus datos le haré llegar nuestros próximos catálogos, para que esté informado de nuestras ofertas y nuevas colecciones ¿Qué le parece? Gracias".

Las objeciones son parte del proceso de ventas, siempre aparecen. El vendedor debe estar tranquilo y no ponerse nervioso cuando aparecen. Nunca hay que discutir o entrar en desacuerdos profundos con el cliente. Hay que emplear las técnicas que indicaremos a continuación diciendo…" es interesante lo que usted dice, pero si me permite le explicaré…" y aquí comienza con la mecánica de la argumentación antes relatada.

Las objeciones son señales expresas también tácitas de que el cliente está interesado en nuestro producto o servicio, sólo que tiene algunos reparos que desea subsanar. Atender las objeciones es abrir el camino para llegar a la concreción del negocio.

Existen seis formas o criterio prácticos para rebatir objeciones. Estas formas o modelos operan como "bisagras" o "puentes" entre la argumentación y el cierre de ventas:

Técnicas para rebatir objeciones

1. Técnica de acuerdo y desacuerdo: consiste en decir: "si, si de acuerdo… pero si me permite le voy a explicar" (a continuación el vendedor detalla una característica, con su beneficio, ventaja y aplicación. Se plantea la pregunta de valor y se observa la señal de aceptación. Si aparece, se pasa al cierre. Si no, se vuelve a plantear de la misma forma una nueva característica y sus consecuencias. Tres o más veces. En caso de señal negativa se procede al ya indicado sistema de conquistar al cliente, mediante el llamado cierre diferido de ventas.

2. Técnica de la pregunta ¿Por qué?: Esta técnica para rebatir objeciones se basa en a inversión del planteo del cliente. Ahora es él quién tiene que explicar

las razones de su objeción o duda. Se pide al comprador que indique, para aclarar las causas de sus dudas, el origen de ellas, para entender su desacuerdo. Comienza con palabras como éstas: "es interesante lo que dice, me puede explicar ¿Por qué? A partir de su respuesta comienza la etapa en que el vendedor describe una nueva característica y sus beneficios, ventajas y satisfacciones de uso, como se detalló cuando analizamos técnicas de argumentación. Vale decir que a cada objeción le corresponde, como tratamiento técnico, volver a un nuevo comienzo de argumentación.

3. Técnica de convertir las objeciones en razones de compra: Esta técnica alternativa a las antes enunciadas consiste, una vez expresada la objeción, en decir, por ejemplo si la objeción es sobre el precio, "precisamente, el precio que a usted le parece elevado, es el más conveniente y el que más ventajas económicas le ofrece, porque…" (Describe luego características de una nueva instancia de argumentación). Obsérvese que la palabra clave para transformar la objeción en razón de compra es: "precisamente", que como efecto "bisagra" sirve de puente para rebatir la objeción.

4. Técnica de admitir las objeciones válidas y minimizarlas con la maximización de argumentos: Tomando por caso una objeción sobre el modelo de producto ofrecido, el vendedor puede señalar, por ejemplo,…" es cierto, este no es el modelo que me pidió, pero fíjese las ventajas superiores que le brinda este producto. En cuanto a rendimiento… (Sigue la descripción de beneficios y satisfacciones esperadas, como nuevo argumento).

5. Técnica de posponer la respuesta: Sólo se emplea cuando por razones técnicas o decisiones de nivel superior, el vendedor no está en condiciones de responder de inmediato a la objeción planteada. En este caso lo que corresponde hacer es decir por ejemplo: …" es muy interesante su inquietud, si me permite lo consultaré con nuestros especialistas y no dude que encontraremos una respuesta adecuada. ¿Puede ser mañana a primera hora? O también para el caso de una venta de indumentaria en un local de ropa, si el modelo solicitado no está en stock, se puede decir: .." en este momento no dispongo del modelo de su interés, pero si le parece bien, mañana lo tendré para entregárselo ¿Puede usted pasar o prefiere que lo llame previamente? Posponer la respuesta a una objeción es un plan que evita, por razones circunstanciales, que una venta se pierda. Su intento siempre es de valor, especialmente por el negocio y la conservación del cliente.

6. Técnica extrema de negar la objeción: Esta técnica es de uso excepcional. No se recomienda su empleo, salvo para casos muy especiales, donde por falta de conocimiento, o menciones agraviantes del comprador para con el producto o la empresa que lo vende, se hace necesario mostrar la verdad del tema objetado. Tomemos por ejemplo el caso de un comprador que después de la presentación y argumentación recibida expresa: "esto no es serio porque su producto no se ajusta a las normas de calidad que tienen otros de su tipo" En este caso el vendedor debe responder con respeto, pero firmeza que lo mencionado no se ajusta a la realidad porque la empresa, la marca y el producto cumplen con los mayores requisitos de la tecnología y las normas en vigencia. Siempre la verdad es el fundamento de esta técnica que busca la consigna de mantener al cliente, aunque la venta se pierda. Negar la objeción es un camino sólo adecuado para estos casos especiales, por ello no sugerimos su uso en otras circunstancias.

Etapa del Cierre de Ventas: Hemos detallado anteriormente que el proceso de ventas comienza con el contacto con el cliente, sigue con los sondeos, luego la presentación, argumentación y manejo de objeciones. Tan pronto como aparecen las señales de compra, que son consecuencia de la tarea antes detallada, el vendedor debe proceder a utilizar el cierre de ventas.

Las señales de compras pueden ser gestos de aprobación, sonrisas de satisfacción o preguntas que indican que el cliente está ya decidido, como por ejemplo ¿Lo puedo pagar con tarjeta de crédito?

En la instancia del cierre se facilita al cliente decir que realiza la compra. ¿Por qué entonces siempre hay que efectuar el cierre de ventas?

Es muy sencillo, todos los compradores tienen momentos de indecisión, pese a su convicción y necesidad. Es una especie de temor o síndrome de defensa de sus intereses, que lo inhiben de tomar por sí solos una decisión de compras. El mecanismo del cierre opera como un "impulso" que resuelve este dilema que tiene el cliente: compro, no compro, o lo sigo pensando.

La acción del cierre de ventas sirve para persuadir, vale decir crea las condiciones favorables para que el cliente, ya convencido, diga "si". La falta del cierre en la parte final del proceso puede hacer perder muchos negocios por lo que es conveniente preparar a los vendedores, capacitarlos y estimular su aplicación. Existen varias técnicas para el cierre de ventas. Algunas por si solas generan los efectos deseados; pero en algunas circunstancias es necesario emplear varios tipos de cierres hasta lograr el objetivo final. Al decir varios intentos estamos indicando dos, ó tres sucesivos, no más de ellos. Si la venta no se concreta queda como último recurso el empleo del "cierre diferido", que es una acción para retener al cliente y fidelizarlo, aun cuando no compre en esa oportunidad.

A continuación detallaremos cada una de las técnicas de cierre que integran el proceso de ventas:

Técnica Presuntiva: También llamada técnica del "si por descontado". El vendedor, tan pronto aparecen las señales de compra del cliente, asume que este ya dio su acuerdo y por lo tanto pasa a una instancia complementaria, como puede ser preguntar si lo paga en efectivo o con tarjeta de crédito. A veces la pregunta puede ser sobre las fechas y lugares de entrega, etc. Lo importante de este cierre es que no se pregunta al cliente ¿lo compra o no? Porque en este caso tiene un riesgo del 50% en que le contesten: "lo voy a pensar" o "voy a consultar antes de decidir" Este tipo de cierre es uno de los más prácticos y de mayor uso, fácil de aplicar y de efectos muy positivos, tanto para el vendedor como para el comprador.

Técnica de la pregunta accesoria: Otra forma de llegar al cierre de ventas, siempre después de las señales positivas de compra que da el cliente, es preguntar algún detalle del producto o servicio. Por ejemplo si se trata de la compra de un traje para vestir, ¿cómo lo prefiere liso o cruzado? ¿Desea complementar su compra con una corbata al tono? Etc.
La esencia de esta técnica es la de llevar al cliente a una situación "post-compra" aun cuando la misma formalmente no ha sido concluida. En la práctica esta técnica "cierra" la operación en forma sencilla, rápida y accesible y concluye con las inhibiciones naturales que todo acto de compra provoca en el cliente. En ventas realizadas en oficinas del cliente la técnica consiste, después de las señales de compras y pasos anteriores, en "pedir la orden de compra", a tal fin el vendedor solicita al comprador los datos necesarios para incluir en la nota de pedido y luego le dice: "¿Me lo iníciala, por favor?".

Técnica de las sucesivas respuestas positivas: Esta técnica se basa en la consolidación y la sinergia de los acuerdos conseguidos en etapas previas del proceso de ventas y que tienen por efecto estimular una decisión positiva de compras. Tomemos ahora el ejemplo de la venta de una heladera familiar: ¿Le gusta el modelo? …¿Le resulta adecuada su capacidad? … ¿Es de su agrado el color? ¿Le interesa el plazo de pago que le ofrecemos? Bueno ¿A qué dirección se la enviamos? O también ¿Prefiere pagarla en efectivo o utilizar nuestro sistema de pagos en cuotas? Como se aprecia a través de varias afirmaciones a preguntas de acuerdos parciales la operación se cierra por sí sola con la pregunta final que da por concluida la operación, sin necesidad de preguntar ¿La compra? Eliminando como en las técnicas anteriores el riesgo de la respuesta negativa.

Técnica del incentivo estratégico: Consiste en activar la motivación de compras mediante el uso de un factor estratégicamente elegido, por su valor de atracción y convicción, que impacte al comprador, como por ejemplo: "si concreta la compra ahora puedo conseguir autorización para un precio y condición de pago muy especial. ¿Qué le parece?".

Otro elemento estratégico en momentos de alta inflación y a veces escasez de reposición de productos es el siguiente: "realizando la compra ahora se asegura el precio que cuando renovemos el stock será superior al de hoy, además puede disponer del producto en forma inmediata, no sabemos cuando tendremos otros para ofrecer en este modelo."

El incentivo estratégico es muy usado en ofertas para días especiales así como para el uso de determinadas tarjetas de débito o crédito en la compra seleccionada. También son incentivos estratégicos los precios por fin de estaciones de uso o por falta de surtido completo en el negocio.

Técnica narrativa o testimonial: Se basa en provocar el cierre de ventas empleando un relato de situaciones similares vividas por otros compradores. El efecto es generar una motivación de emulación o un testimonio de referencia de valor que induce al comprador a liberar su inseguridad o dudas sobre una decisión de adquisición. En el caso de un equipo industrial el vendedor puede hacer mención a la compra realizada por una importante empresa, que hoy está muy satisfecha con el producto y nos acaba de efectuar una compra complementaria.

Esta técnica rompe el paradigma de inseguridad con el ejemplo de otros que lo han realizado antes y comprobado la satisfacción o rendimiento esperado, sin los riesgos de ser el único o el primero en experimentarlo.

Muchas empresas utilizan la mención explícita, con nombres y detalles de los compradores que recomiendan el producto, especialmente si son personas de sólido reconocimiento, como ser deportistas, empresarios exitosos, artistas, etc. Por supuesto en estos casos debe contarse con la autorización formal de los que facilitan su testimonio.

Técnica de acción física: consiste en desarrollar el cierre de ventas mediante el uso de una demostración o actividad que impulse y genere la decisión de compras. Podemos explicarla con un ejemplo en productos industriales, haciendo una prueba de funcionamiento, luego de la cual se pasa a la concreción de la operación utilizando la expresión (después de advertida la señal de compras) ¿Cómo desea financiarla? O bien: ¿se lo enviamos a su dirección, o prefiere retirarlo ya? En productos de indumentaria, como ser calzados o trajes esta técnica se aplica haciendo probar el producto al cliente y después llevándolo al espejo del local para apreciar su figura, se pregunta ¿Qué le parece? ¿Le agrada cómo lo siente y le queda? (luego del consentimiento del comprador) el vendedor cierra la venta preguntando: ¿lo lleva ya, o se lo enviamos a su domicilio? Ó también ¿Prefiere abonarlo al contado o con tarjeta?
En materia de servicios este método de cierre utiliza demostraciones o realiza prestaciones a manera de poder verificar sus características, por ejemplo en servicios de capacitación: una charla introductoria o una exposición a manera de piloto. Luego el cierre se efectúa en forma similar mediante las preguntas finales anteriormente detalladas.

Técnica amenazante: esta técnica de cierre de ventas consiste en plantear al cliente una situación de riesgo, como puede ser un inminente aumento de precios, o bien la terminación del stock, por tratarse del último producto en disponibilidad, sin opciones de reposición. En algunos casos se estila recurrir a la mención de la finalización de una promoción con precios y condiciones de financiamiento que no se repetirán en el futuro inmediato. Esta técnica debe emplearse con mucha sutileza para que el comprador no se sienta presionado y desista por esta razón de efectuar la operación.

Técnica diferida: No siempre el empleo de las técnicas de ventas permite concretar negocios. Por ello, cuando después de seguir todos los pasos del proceso y el empleo de varios intentos de cierre, no se logra la decisión de compras, sólo queda el recurso de "estimular" al cliente para que en otra oportunidad futura pueda facilitar un nuevo contacto para nuevas operaciones de compras. En este sentido, la actitud del vendedor debe expresar su interés para ayudar al cliente a encontrar la solución buscada, pero ante la imposibilidad de satisfacerlo en ese momento se lo invita a realizar nuevas consultas en otras circunstancias, o en lograr su consentimiento para nuevas visitas de ventas. En última instancia esta técnica abre las puertas para nuevas oportunidades. No importa no lograr una venta, si se conserva el vínculo con el cliente, que es lo que realmente vale por su potencial de futuras operaciones comerciales.

Etapa de servicios de posventa: Obtenido el pedido o concretada la venta, el vendedor debe proporcionar siempre los denominados servicios de posventas que son gestiones para interesarse por los resultados ulteriores al uso del producto o servicio adquirido, o bien prestar asesoramiento sobre inquietudes emergentes, como también resolver problemas de distinto tipo que eventualmente se le han generado al cliente. Otra forma habitual, en productos que requieren mantenimiento, es recordar al comprador la conveniencia de usar los servicios que a tal fin presta el proveedor, como ser repuestos, control de funcionamiento técnico, etc. En servicios, como ser asistencia médica, esta etapa consiste en comunicarse con el paciente para verificar la evolución de su estado de salud, ulterior a la prestación realizada.

La etapa de servicios de posventa tiene dos objetivos esenciales:
a) Demostrar el interés por el cliente después de la venta.
b) Resolver problemas que pueden detectarse mediante contactos posteriores a la venta.
Para el cliente la recepción de un servicio de esta naturaleza es un acto que confirma el valor del proveedor y arraiga el vínculo para futuras operaciones y negocios comerciales.
Finalmente señalaremos las diferentes actividades que integran esta etapa del proceso de ventas:
• Verificar el procesamiento y entrega del pedido.
• Ofrecer soluciones a problemas ulteriores a la compra.
• Atender y resolver con celeridad reclamos.

- Proporcionar servicio efectivo de información y asesoramiento.
- Evitar quejas.
- Solucionar problemas administrativos y/o técnicos.

Etapa de evaluación: Después de un contacto de ventas, se haya o no concretado la operación, el vendedor debe realizar un análisis de su gestión para detectar oportunidades de mejoras o capitalizar factores de éxito.

Aprender de su propia experiencia es el mejor camino para una mejora continua y a este fin es conveniente efectuar este tipo de revisión. La misma debe ser a partir de la propia iniciativa del vendedor o bien puede hacérsela en forma conjunta entre el vendedor y el supervisor de ventas o responsable superior.

Nada tiene mayor costo en una empresa que el que representa una venta perdida o mal realizada. Por ello todo esfuerzo para mejorar procesos y resultados tiene un alto retorno en materia de utilidades.

Algunas estadísticas indican que sólo en el 25% de los contactos por ventas se logran los objetivos que potencialmente se pueden alcanzar. De allí el inmenso campo para mejoras de rendimientos, así como el valor de las técnicas de evaluación para alcanzar los mismos.

A los fines del proceso de evaluación es conveniente efectuar una tarea grupal, donde el conjunto de los vendedores, con sus supervisores o jefes analicen conjuntamente sus performances, destacando los aspectos débiles y fuertes de su actividad, para capitalizar en el futuro las enseñanzas de las tareas realizadas. En reuniones periódicas, pueden ser mensuales, es conveniente efectuar este tipo de actividad. También en forma más esporádica, una vez por año, es necesario realizar una convención de ventas para tratar temas de interés general y realizar simultáneamente un proceso de evaluación de las gestiones y resultados logrados. Así como los médicos realizan "ateneos" periódicos para actualizar conocimientos y evaluar performances, los vendedores deben tener reuniones de ventas conjuntas para analizar sus gestiones y resultados. El costo en tiempo y energías es mínimo pero los beneficios son altos, especialmente en empresas Pymes.

Etapa de seguimiento: La principal misión del vendedor es crear y mantener clientes. Por ello, una vez concluida una operación sea con resultados o sin ellos, el vendedor debe realizar en tiempo y forma una tarea de seguimiento.

Ella consiste en mantener contacto con el cliente después de un encuentro por ventas. A tal fin, según la característica del comprador y la naturaleza del producto o servicio, es conveniente acordar una fecha para establecer una nueva comunicación con el propósito de restablecer vínculos y conocer el grado de satisfacción y/ o nuevas necesidades del cliente.

A través de esta gestión se pueden detectar nuevas oportunidades de ventas ya sea repetitiva o complementaria y diversificada. También se generan impulsos personalizados para activar procesos de compras latentes o manifiestos. La conducta del comprador requiere de estos estímulos para reactivar decisiones que de otra manera se postergan, olvidan o relegan.

Como factor de fidelización el seguimiento de ventas produce un relacionamiento que enriquece los vínculos entre el comprador y el vendedor y crea barreras para el ingreso de competidores alternativos.

En definitiva los objetivos del seguimiento de ventas son:

- Consolidar la relación con el cliente.
- Medir el grado de satisfacción con posterioridad a la compra y uso del producto.
- Analizar la posibilidad de repetición de ventas o de ventas complementarias y diversificadas.
- Crear barreras de sustitución.
- Fidelizar al cliente.
- Proporcionar servicio efectivo.
- Mantener un ritmo de visitas o contactos periódicos, cuando ello es potencialmente viable.
- Demostrar un compromiso permanente con el cliente.
- Mantener y mejorar el posicionamiento empresario como proveedor de valor.

Calidad de proceso de ventas

El concepto moderno de la calidad indica que es "todo lo que satisface al cliente, en forma material y en forma simbólica".

En ventas la calidad tiene distintas dimensiones. La primera de ellas es la de la satisfacción plena del cliente, que percibe las soluciones, beneficios y ventajas del producto o servicio comprado. La segunda dimensión se relaciona con la fidelización o sea con la predisposición creada para volver a repetir la compra en el lugar de ventas, marca o producto. La tercera se refiere a la actitud del cliente a recomendar el producto, lugar de compras, marca y empresa a terceros que son potenciales clientes. La cuarta dimensión es la del aprendizaje positivo y de utilidad que el cliente ha recibido de su vendedor. La quinta dimensión es la simbología o imagen que el cliente tiene de su vendedor a quién considera como su "asesor" o "jefe de compras". Por último podemos citar la dimensión relacionada con los volúmenes de compras, el monto de las mismas, así como la variedad y frecuencia de compras.

En resumen podemos indicar que la calidad de la venta es el valor aportado tanto para el cliente como para la empresa.

La selección, capacitación, motivación, así como los incentivos, el apoyo, la supervisión y el control de los vendedores son, junto a otros factores del proceso comercial de la empresa, los que definen la calidad de la venta.

Finalmente citaremos en términos de calidad de ventas, un conocido refrán que dice:

"Venda un producto o servicio a un cliente de modo que el producto no regrese, pero el cliente sí".

Preguntas o dudas que puedan surgir del capítulo

¿Siempre es necesario el empleo de las estrategias y técnicas de ventas?
Salvo en negocios donde el cliente compra por el sistema de auto-servicio, en toda oportunidad y para todo tipo de empresa, producto o servicio es imprescindible el uso de estrategias y técnicas de ventas. Sin ellas el riesgo de pérdidas de oportunidades de operaciones y de clientes es muy alto y los beneficios perdidos de ingresar son aun mayores.

¿Es difícil incorporar en la gestión de ventas el empleo de estrategias y técnicas?
No, de ninguna manera. Las mismas se adquieren rápidamente mediante cursos de capacitación, lecturas y observación de experiencias exitosas. Toda persona, sin

excepciones está potencialmente habilitada para ser un buen vendedor si utiliza estos procesos de ventas.

¿El cliente se siente presionado cuando se usan estrategias y técnicas de ventas?

Por el contrario la venta mediante procesos técnicos especializados hace que el cliente aprecie con agrado y satisfacción la actitud profesional, responsable y de servicio que el vendedor emplea para su beneficio. A la inversa cuando el vendedor es incompetente o pretende sustituir las técnicas por otras formas de atención, generalmente con insistencia o presión, el cliente no solo que no compra sino que no vuelve a la empresa o al local de ventas.

¿Se puede verificar el beneficio económico del uso de las estrategias y técnicas de ventas?

Indudablemente, de inmediato al empleo de ellas, el vendedor y su empresa comienzan a reducir el alto costo de pérdida de negocios. Por consiguiente las estrategias y técnicas de ventas, además de crear y mantener compradores rentables, evita este innecesario costo de pérdidas de oportunidades.

Por otra parte estadísticas generalmente comentadas, aunque no exactamente demostradas, indican que habitualmente, en venta personalizada, sólo se concretan 25 de cada 100 posibilidades. Es seguro entonces que con estrategias y técnicas esa cifra sea varias veces superior, y por lo tanto fácil de comprobar. En algunas empresas mediante el tablero de control se analizan las performances de ventas concretadas sobre ventas posibles.

¿En cuánto tiempo un vendedor puede especializarse en el manejo de estrategias y técnicas de ventas?

No hay períodos establecidos, pero desde el momento que se adquiere su conocimiento y se comienza con su aplicación comienzan a verificarse las mejoras en rendimientos que luego se perfeccionan constantemente. Nunca deja de aprenderse en ventas.

Ejercicio de interactividad y aplicación

¿Cuántas de las personas de su empresa que atienden a clientes conocen y aplican técnicas de ventas?

Recomendamos analizar este aspecto que incide en la capacidad y la competitividad para atender clientes y lograr ventas con calidad y rentabilidad para beneficio recíproco. En el caso de aquellos que aun no las practican sugerimos un rápido aprendizajes y uso.

¿En qué momentos del horario de trabajo podemos capacitar al personal de ventas? Existen dos posibilidades: a) hacerlo en horas de trabajo, que es lo más recomendable porque forma parte de las tareas y procesos para mejorarlas. Puede buscarse el momento más propicio, al comienzo de la jornada o en horas de menor intensidad de contactos. b) enviar a realizar la capacitación en cursos externos en instituciones o lugares especializados.

¿Quiénes deben capacitar al personal de ventas?
En principio si tienen los conocimientos y prácticas suficientes al personal de supervisión o jefaturas de la empresa. Si no deben contratarse a capacitadotes externos para encarar la tarea dentro o fuera de la empresa.

¿Cuál es el tiempo suficiente para adquirir una capacitación en ventas?
No hay una regla fija, pero la experiencia demuestra que en una o dos jornadas de 8 horas, o en el mismo lapso distribuido en reuniones de 2 o 3 horas cada una puede realizarse la transferencia de conocimientos básicos de estrategias y técnicas de ventas. Que luego requieren complementaciones de adaptación y actualización. Como conveniente sugerimos reuniones o convenciones de ventas anuales donde se aproveche para tratar entre otros temas el de la capacitación y renovación de conocimientos. Son útiles a este fin casos, ejemplos y videos técnicos especializados.

¿Es conveniente supervisar el empleo de las técnicas de ventas?
Si, los responsables del manejo del proceso de ventas de la empresa deben supervisar la utilización, así como los resultados de la utilización de las técnicas, de las cuales es conveniente dar participación a otros sectores involucrados como ser: personal accesorio de ventas, créditos, cobranzas, expedición, marketing, etc.

5.6- Tablero de Control de Operaciones y Resultados para Pymes

Ideas fuerza
*   El tablero de control es un instrumento de diagnóstico que permite analizar

gestiones y resultados para tomar decisiones que permitan mejorar performances, concretar objetivos y especialmente capitalizar oportunidades evitando amenazas o debilidades de la actividad y su evolución.

- Su empleo es permanente y opera como un radar, que en base a información actualizada, permite ratificar "rumbos" o corregirlos en tiempo y forma para generar valor y evitar problemas ulteriores.
- Su empleo puede utilizar una programación informática de fácil implantación. Su costo es mínimo pero sus consecuencias son de importancia para logros económicos, financieros y competitivos.
- Todas las áreas de gestión de la cadena de valor de la empresa deben estar representadas en la información de un tablero de control.

Área clave	Indicador clave	2010	2011	2012
1. Ventas y rentabilidad	Crecimiento de ventas			
	Crecimiento de ventas por local			
	Ventas por persona			
	Ventas % por local			
	Utilidad por categoría y local			
	Cash Flow por línea o categoría			
2. Movimiento de stocks	Rotación por local			
	Rotación por categ. o línea de prod.			
	Crecimiento gral. de stock			
	Crecimiento stock p/línea de prod.			
3. Calidad de servicio	Calidad de atención			
	Calidad de ventas			
	Calidad de administración			
	Calidad de logística de outputs			
	Calidad de inputs			
	Calidad de comun. internas			
	Calidad de comun. externas			
4. Category management	Cantidad de categ. de prod.			
	ABC por categoría			
	Rentabilidad por categoría			
	Mezcla de ventas por categorías			
	Altas y bajas de categorías			
5. Actitud del personal	Rotación			
	Ausentismo			
	Reclamos			
	Accidentes			

	Accidentes			
	Promociones			
	Capacit.: hs. cursos y cursos ext.			
	Desempeños			
	Salarios promedio			
6. Eficiencia financiera	Liquidez			
	Costos financieros			
	Endeudamiento			
	Cuentas a cobrar			
7. Merchandising	Faltantes de stocks en %			
	Faltantes stock por categ. de prod.			
	Nivel y calidad de exhibición			
	Cantidad y calidad de cartelización			
	Promociones en el local			
8. Marketing	Investig. e inversiones en estudios			
	Inversiones en promoción de ventas			
	Inversiones en publicidad			
	Inversiones en eventos y CRM			
	Particip. en el mercado total/zonal			
	Posicionamiento actualizado			
	Fortaleza de marca institucional			
9. Responsabilidad social empresarial	Inversiones			
	Cantidad de actividades			
10. Informática	Inversiones en sistemas hard			
	Inversiones sn sistemas soft			
	Personal ocupado			
11. Cartera de clientes	Cantidad de clientes activos			
	Compra promedio por cliente			
	Cant. de clientes perdidos (+1 año)			
	Cant. de clientes inacivos (-1 año)			
	Mezcla de ventas p/clientes y categ.			
12. Ventas	Cantidad de vendedores			
	Calidad de vendedores			
	Rendimiento de vendedores			
	Capacit. contínua de vendedores			
	Cultura de excelencia y atenc. al cliente			
13. Otras áreas a definir según cada tipo de negocio				

- El empleo del tablero de control no es privativo de los dueños, accionistas o gerentes de la empresa, debe ser difundido y tratado en todos los niveles de la operación de la organización.
- El tablero de control debe actualizarse y es conveniente adaptarlo a nuevas circunstancias de la vida de la empresa. No es un instrumento estático e inamovible, sino por el contrario dinámico y flexible.
- Cuando la empresa utiliza servicios de asesores externos debe ser utilizado como un espejo de lo que la organización tiene para recibir comentarios, asesoramiento y lineamientos técnicos superadores de rendimientos.
- Cuanto más compleja la organización empresaria más amplitud tiene que tener el tablero de control.

Sin tablero de control es difícil conducir una empresa para lograr resultados exitosos. Es un instrumento de dirección y control útil para diagnosticar con precisión y objetividad la marcha de los negocios de una empresa. Está formado por un conjunto de indicadores que permiten analizar el comportamiento de estrategias, gestiones y resultados. Sirve, además como un elemento vital para "medir" lo que pasa y detectar amenazas, riesgos y oportunidades de mejora continua.
Podemos afirmar que el tablero de control contribuye a la subsistencia de la empresa, su crecimiento, competitividad y rentabilidad.

Al usarse, con el aporte de tecnologías informáticas, se amplían las capacidades para evaluar situaciones, concretar y comunicar objetivos e identificar brechas

	Período base	5% aumento en volumen de unidades	5% aumento en precios	5% dismin. del costo de bs. vendidos	5% dismin de gastos
Ventas (en dólares)					
Costos de bienes vendidos					
Margen bruto					
Gastos					
Utilidad					
Aumento en utilidad ($)					
Aumento en utilidad (%)					

entre lo esperado y lo concretado. Por su simplicidad, el Tablero es ideal para evolucionar hacia una dirección estratégica sin papeles. Convirtiendo a los datos en información y ésta en conocimiento que permite crear valor, conduciendo con

	Período base	Cambio en volumen de unidades	Cambio en precios	Cambio en costo de bs. vendidos	Cambio en gastos
Ventas (en pesos)					
Costos de bienes vendidos					
Margen bruto					
Gastos					
Utilidad					
Aumento en utilidad ($)					
Factor de cambio (%)					

un sistema de avanzada como el denominado "Balanced Scorecard".

Es una herramienta inmejorable para mercados dinámicos, competitivos y en procesos de cambio y globalización. Sirve para implementar estrategias creativas y flexibles. Agrega a la intuición directiva capacidad de concreción y éxito. Es de adaptación para cualquier tipo de empresa.

El Tablero de Control ayuda a la empresa a superar cinco etapas del aprendizaje de sus niveles directivos: "aprender a hacer"; "hacer"; "enseñar a hacer"; "hacer, hacer" y "deja de hacer o desaprender". Los autores Robert Kaplan y David Norton en su obra, hasta hoy no superada, "Cuadro de Mando Integral", 2da. Edición, editorial Gestión 2000, 1996, difundieron la metodología de este proceso, desde entonces desarrollado en empresas de todo el mundo. En nuestro país, Alberto M.Ballvé, en su obra "Tablero de Control", editorial Mcchi, 2da. Impresión, 2000, aplica los conocimientos básicos de esta metodología y ofrece ejemplos de su utilización en empresas que operan en el mercado argentino. Recomendamos su lectura para profundización. En nuestra síntesis para este tema seguiremos sus lineamientos básicos.

Tres dimensiones de la actividad empresaria

Las empresas y sus resultados dependen de tres ejes centrales, a cargo de directivos, gerentes y responsables de gestiones funcionales (producción, administración, finanzas, compras, marketing, ventas, personal, mantenimiento, logística de distribución, etc.).

- Dirigir
- Organizar
- Operar

Dirigir es la función de guiar, alinear, mostrando o dando las señas de un camino, es fundamentalmente influir y orientar. La dirección, a cargo de gerentes y jefes, actúa sobre la organización y la operación. Es la cabeza, la mente, la parte cognitiva e inteligente de la empresa. Formula ideas, planifica, coordina y opera como la locomotora que arrastra a los diferentes trenes (secciones de actividad).

Organizar es disponer, ordenar y preparar recursos humanos, técnicos, económicos, financieros. Seleccionar procesos y sistemas con los medios adecuados para lograr los fines dispuestos por la dirección.

Operar es realizar, ejecutar la acción, acorde a las pautas definidas por la dirección y la organización. La operación concreta los objetivos y los entrega en el mercado a los clientes, pasando previamente por las gestiones internas de producción, administración, personal, compras, marketing, ventas, distribución y cobranzas.

Indicadores clave para áreas clave

Multiplicadores de Margen de Utilidad

El objetivo del negocio es realizar actividades que generen ofertas competitivas, capaces de crear y mantener clientes, crecer en ventas y posicionamiento, pero esencialmente incrementar los márgenes de utilidades, para poder reinvertir, crecer y asegurar la sustentabilidad. Por ello los responsables del management deben estudiar constantemente, planificar y poner en práctica factores de aceleración de márgenes de utilidades. En este sentido operar sobre toda la cadena de valor produce un impulso en los márgenes de beneficios. A simple título de ejemplo, tomamos por casos los análisis y propuestas que detallamos a continuación:

1. Aumento en el volumen de ventas.
2. Aumento en los precios.
3. Disminución en los costos de los productos vendidos (compras).
4. Disminución de los gastos.
5. Un modelo de simulación para la hipótesis de un objetivo de aumento del 15% de las utilidades.

En base a estos parámetros se vuelca en un cuadro los valores a los que se pretende llegar como objetivos y luego se miden las performances para alcanzarlos. Pueden ajustarse luego tanto los valores originalmente indicados, como los resultados esperados.

Modelo de cuadro de simulación:
Factores incrementales del margen de utilidad en la venta al detalle:
aumento en el volumen de unidades.

Factores incrementales del margen de utilidad en la venta al detalle: cambios necesarios para lograr 15% de aumento en las utilidades

Definiciones y términos de usuales

Tablero de control: Cuadro de información actualizada que mide el resultado de gestiones y rendimientos.

Diagnóstico: Representación de la realidad, en este caso en forma numérica y conjunta de variables esenciales de la gestión de la empresa.

Mejora continua: Proceso que busca la excelencia para mejorar rendimientos y operaciones.

Auditoría de negocios: Análisis de estrategias y gestiones en actividad para detectar oportunidades de mejoras y corregir brechas entre lo esperado y lo logrado.

Eficacia: Saber dentro de opciones alternativas, cuál es la de mejores resultados para la empresa. Elección inteligente en base a información derivada, entre otras fuentes del tablero de control.

Eficiencia: Procedimientos para desarrollar las gestiones de la forma más adecuada con el mejor rendimiento económico, financiero y competitivo.

Preguntas o dudas que puedan surgir del capítulo

¿Todas las Pymes, aun las más pequeñas deben utilizar la herramienta del tablero de control?

Efectivamente, todas deben aplicarlo, porque sus beneficios son comunes y esenciales.

¿Es compleja la elaboración de un tablero de control?

De ninguna manera es un elemento de fácil realización y además pueden conseguirse o tomarse modelos que figuran en esta obra o en textos especializados. El contador de la empresa puede ayudar a su elaboración, al igual que el programador o técnico de sistemas que tenga la empresa.

¿Requiere personal especializado para su manejo?

No. Los responsables de la conducción o cualquier personal de la administración puede en poco tiempo alimentar el tablero con la información programada. Su lectura e interpretación es básica y está referida a las variables propias del negocio.

¿Cuándo debe leerse y extraer conclusiones del tablero de control?

Con la mayor frecuencia posible. No menos de una o dos veces por semana. Nunca dejar pasar un mes o más tiempo, porque lo que dejó de apreciarse y diagnosticar pueden ser pérdidas irrecuperables en el futuro.

Ejercicio de interactividad

¿Tiene su empresa un tablero de control? Si su respuesta es favorable, consulte sobre la posibilidad de actualizar sus contenidos o para ampliar las áreas de análisis. En caso de no tenerlo aun, consulte con su contador o asesores de gestión para implantarlo cuanto antes por los beneficios que le brindará.

¿Cuándo y cómo se analiza la información del tablero de control?

Ya dijimos con la frecuencia más repetitiva posible, como máximo una vez por mes. Lo ideal dos o tres veces por semana, con información actualizada a esa fecha. La información puede ser analizada en forma personal o en reuniones grupales entre los referentes más importantes de la empresa, para extraer conclusiones conjuntas de aplicación integrada e inmediata.

¿En cuanto a confidencialidad, es conveniente la difusión de la información del tablero de control?

El riesgo del conocimiento de datos de la empresa está siempre presenta, con o sin tablero de control. Para evitar "fugas", debe hacerse participar del conocimiento de los contenidos del tablero de control a personas confiables de la organización, previa advertencia de un pacto de confidencial, que también puede hacerse firmar en un documento donde se exprese el compromiso del secreto para evitar eventuales consecuencias legales que la empresa tomará en esos casos. Recomendamos consultar con el asesor jurídico para este pacto, que además es válido para otras situaciones de la actividad empresaria.

5.7- Atributos y competencias del perfil de un empresario y ejecutivo Pyme

Ideas fuerza

- Para crear, conducir y sustentar en el tiempo una actividad empresarial tanto en Pymes, como en todo tipo de organizaciones se requieren conocimientos, habilidades y destrezas que se adquieren a partir de estudios y experiencias positivas tanto personales como de terceros.
- Las empresas son organizaciones, pequeñas, medianas o grandes que requieren de "expertos pilotos" que la conduzcan por buenos caminos hacia el logro de los objetivos trazados.
- Aun en casos de profesionales, como médicos, ingenieros, contadores, etc. que tienen una formación, pero no conocimientos de gestión de empresas, los mismos no son suficientes para garantizar su adecuada dirección. Es preciso incorporar aprendizajes para tener las aptitudes necesarias que habiliten a un manejo eficiente y competitivo.
- Las aptitudes para ser empresario, gerente o responsable de una Pyme se incorporan a las personas interesadas mediante cursos, lecturas o experiencias dirigidas por expertos. La lectura de libros como el presente contribuye a tal fin, al igual que la asistencia a conferencias y actividades de transferencia de

conocimientos sobre gestión de empresas.

- Los riesgos de un manejo improvisado son más altos que las escasas posibilidades de éxitos, en mercados muy competitivos, saturados y globalizados. Es larga la lista de fracasos por administración ineficiente de empresas Pymes y no Pymes.
- El dirigente de empresas Pymes no nace. Se hace mediante formación y constante aprendizaje teórico y empírico. Un individuo puede tener por razones personales mejores condiciones que otros; pero ello no lo exime de la regla esencial de la conducción: conocimientos especializados, visión y utilización de tecnologías de administración.
- La pasión, la emoción y el entusiasmo son valores adicionales que se suman a los conocimientos antes indicados.

Podemos comenzar el análisis de este capítulo con una pregunta ¿Es necesario tener condiciones, conocimientos, habilidades y destrezas para conducir una empresa Pyme, o sólo ello es requerido para grandes organizaciones industriales y comerciales? La respuesta es rotunda. Sin estos requisitos el negocio más que una actividad con objetivos de subsistencia, competitividad, crecimiento y rentabilidad, se convierte en una "aventura de final incierto", no importa la envergadura de la compañía, su localización geográfica o su ramo específico. Tanto para manejar con eficiencia un taxi, un quiosco, un negocio de indumentaria, un taller de electricidad para el automóvil o cualquier otra industria, negocio o prestadora de servicio son necesarias condiciones que garanticen un manejo racional y eficaz de recursos económicos, técnicos, humanos que aseguren su subsistencia y permitan lograr beneficios y crecimiento en el tiempo.

La mayor parte de los fracasos de empresas Pymes radica en la falta de idoneidad para la conducción del negocio. No basta con el interés, el deseo y a veces hasta el capital necesario. En todas las circunstancias se requieren de los "atributos y competencias" para ser un empresario o ejecutivo Pyme.

Definiciones y términos usuales

Atributos: Características personales que habilitan para desempeños, en este caso para la conducción de empresas. Integran el perfil de un individuo y lo distinguen de los demás.

Aptitudes: Capacidad adquirida para el ejercicio de una actividad empresarial.

Competencias: Conocimientos, habilidades y destrezas incorporadas para el ejercicio de la conducción de empresas y su gerenciamiento.

Dirección de empresas: Responsabilidad de organizar, planificar, coordinar, ejecutar y lograr resultados que permitan subsistir, crecer y ser rentables.

Creación de valor: Transformar gestiones, recursos y tecnologías en procesos, bienes y servicios que sirvan para brindar soluciones, beneficios, ventajas y satisfacciones a los clientes para los cuales están destinados, así como para la empresa que los ofrece.

Conocimientos: "Know how", datos, entendimiento para hacer inteligentemente gestiones, cultura especializada adquirida mediante estudios, lecturas, experiencias, etc.

Habilidades: Disposiciones y capacidad para actuar con eficiencia, eficacia y competitividad.

Destrezas: Forma de actuar con solvencia, seguridad y rapidez ejecutiva.

Competitividad: Capacidad de generar mayor valor mediante una gestión personal. Ser mejores que otros para conseguir mayores resultados.

Descripción de los principales atributos de un empresario o ejecutivo Pyme

A continuación enunciamos los principales atributos que debe reunir un individuo que tenga la responsabilidad de conducir una Pyme, para asegurar su subsistencia, crecimiento y rentabilidad

1. Profesionalidad y experiencia acreditada.
2. Aprendizaje y perfeccionamiento permanente.
3. Nivel global para distintas áreas del negocio.
4. Excelencia constante y progresiva en gestiones y resultados.
5. Identidad y diferenciación. Estilo individual de conducción, acorde a su empresa.
6. Competitividad para generar valor económico, financiero y social superior al de otros.
7. Integración y disposición para compartir conocimientos con otros miembros de su organización.
8. Especificidad: adecuación de la gestión a los requerimientos esenciales del negocio.

9. Flexibilidad y proactividad.
10. Manejo de la abstracción y el caos (cambio constante).
11. Creatividad.
12. Administración permanente de la innovación.
13. Diversidad, para encarar distintos tipos de actividades dentro del portafolio de negocios.
14. Habilidad y capacidad para encarar nuevos emprendimientos.
15. Capacidad para crear nuevos clientes, mercados y atraer a inversores y socios.
16. Poder de negociación.
17. Aptitud y predisposición para realizar alianzas estratégicas con clientes, proveedores, financistas y competencia directa e indirecta.
18. Visión para la compra de empresas, fusiones y eventualmente la venta de su compañía.
19. Amplia vocación para una actividad intensa y lucrativa.
20. Disposición para comunicar, transferir conocimientos, motivar al personal de la empresa y efectuar procesos de coaching para mejorar condiciones de subordinados.

Competencias clave de un empresario o ejecutivo Pyme

Adicionalmente a los atributos y complementando los mismos debemos señalar como competencias esenciales para conducir emprendimientos Pymes a los siguientes tres factores:

1. Conocimientos.
2. Visión e intuición fundada ("feeling" o sentido de los negocios).
3. Acción: gestión intensa al frente de su equipo de trabajo.

Si cuantificamos en una escala de 1 a 3 estas competencias y luego las multiplicamos arribaremos a un coeficiente que puede ir de un rango de 1 a un máximo de 27, para el ideal o perfecto empresario o ejecutivo. Tomemos distintos ejemplos para este ejercicio de evaluación: si un empresario tiene el mínimo de las competencias indicadas (1; 1; y 1) el producto dará 1, o sea el menor de los rangos y por lo tanto obvio será su incompatibilidad para un desempeño eficaz. Si por ejemplo el resultado es de 3; 3; y 3; el producto será 27. El máximo ideal y perfecto.

Entre ambos límites encontraremos distintos valores que servirán para establecer la competencia de un dirigente empresario. Lo invitamos a realizar su propia evaluación, así como la de su equipo gerencial, ejecutivo o a cargo de responsabilidades de conducción.

Es importante señalar que la medición efectuada en un momento dado puede corregirse o incrementarse, mediante cursos, lecturas y nuevos paradigmas de dirección, así como aprendiendo cómo hacen los mejores.

Preguntas o dudas que puedan surgir del capítulo

¿Si no se tienen todos los atributos del perfil de un dirigente o ejecutivo Pyme, se puede ejercer como tal, sin los riesgos de la ineficacia?
Indudablemente lo ideal es reunir el máximo de los atributos indicados. Pero no necesariamente es preciso que todos sean perfectos en un 100%. Algunos de por sí deben serlo pero otros pueden ser útiles a partir de un 50% de su calidad total. De esta forma podemos inferir que si el promedio resultante de una evaluación es de más de un 70%, se estará en el básico de condiciones de compatibilidad para un desempeño razonable, con la predisposición de mejora continua en aquellos que están debajo de este promedio. ¡Siempre es posible intentar llegar a la perfección, aunque no se la logre en un todo!

¿Realmente los atributos analizados son de aplicación para pequeños emprendimientos?
Indudablemente, porque son los más vulnerables y exigen mayor eficiencia para subsistir y hacer frente a la competencia.

¿Qué atributos son más importantes para distintos rubros de actividades?
Todos tienen la misma importancia y en la sumatoria contribuyen a aportar la eficacia requerida para la conducción, sin diferenciación de tipo de actividad, lugar de desempeño o magnitud del establecimiento.

¿Pueden mejorarse con accesibilidad y rapidez los atributos débiles del perfil?
Mediante cursos, lecturas, aprendizajes de los que emplean los mismos en sus actividades se pueden mejorar cualquiera de los atributos del perfil en tiempos relativamente breves. Además siempre deben perfeccionarse a través del tiempo.

Nunca se llega a la perfección total.
Ejercicio de interactividad

Con una mano en su corazón y con total objetividad califique cada uno de los atributos que exige el desempeño de su función en la conducción de una Pyme. Realice luego los ajustes mediante un programa de corto plazo para perfeccionar aquellos que lo requieran. No deje pasar el tiempo. La inversión en tiempo, energía y costos justifica con creces su decisión que rápidamente le producirá retornos muy grandes en resultados económicos, financieros y de competitividad para su persona y su empresa.

No deje de medir y cuantificar sus competencias en la escala de tres factores: conocimientos, visión y acción. Si está en menos de 9 puntos, sobre 27 posibles, considere que el indicador le marca la urgente conveniencia de un perfeccionamiento mediante los medios señalados precedentemente, porque el riesgo de su empresa de muy grande.

5.8- Síntesis de conclusiones

En esta obra destinada a empresarios y ejecutivos Pymes, así como a profesionales y personas que se interesen en realizar emprendimientos de esta naturaleza nos ocupamos de analizar los aspectos más importantes para asegurar una conducción eficiente, eficaz y competitiva, que al mismo tiempo brinde oportunidades de sustentabilidad en el tiempo, para negocios con crecimiento constante, y rentabilidad económica y social.

En mercados competitivos con innovación y cambios permanentes, en condiciones de creciente globalización indicamos y fundamentamos porqué hay que dejar la dirección y conducción tradicional, basada en la intuición y la experiencia personal única, por una gestión de gerenciamiento técnico que transforme la "aventura" de una empresa en un camino con mayores probabilidades de éxito y menor vulnerabilidad frente a variados factores de orden interno y externo.

En este sentido la obra está integrada en cinco partes, perfectamente hilvanadas y armónicamente sincronizadas para un entendimiento y aplicación accesible y rápida, para todo tipo de empresarios Pymes y comerciantes minoristas.

Cada una de estas partes está ordenada para una mejor comprensión y uso inmediato con una introducción a cada tema seleccionado, con indicación de las ideas fuerza que la sustentan, el glosario con los términos utilizados, las preguntas y dudas habituales que se plantean los lectores para extraer conclusiones y aplicarlas en sus negocios. Adicionalmente cada tema tiene un ejercicio de interactividad, para que se establezcan puentes entre los conocimientos adquiridos y la más eficaz implantación de los mismos.

Este modelo elegido para la obra tiene la ventaja de brindar contenidos técnicos actualizados, en forma muy utilitaria para que de inmediato se transformen en prácticas cotidianas de conducción eficiente, eficaz, competitiva y rentable.

En la primera parte se abordan temas vinculados con los procesos de Dirección y Gestión de empresas, donde se enuncia el perfil del negocio Pyme, para competir frente a las nuevas realidades del mercado. Los escenarios y nuevos desafíos que se deben afrontar con conocimientos y técnicas que faciliten la superación de obstáculos del entorno para asegurar la subsistencia, crecimiento, competitividad y rentabilidad. Se define la importancia del cliente como el activo estratégico más importante de la Pyme y se determina el procedimiento para conocer el valor de cada cliente, para la generación de ingresos y beneficios al negocio. La satisfacción del cliente como factor de fidelización y los métodos para lograrlo conforman uno de los 15 capítulos que se desarrollan en esta parte del libro.

La segunda parte identifica las claves estratégicas para el éxito de las empresas Pymes y comercios minoristas. Se estudian los criterios básicos para elaborar una visión positiva y competitiva y se explican las acciones para aumentar el valor comercial del negocio mediante gestiones que producen utilidades y ventajas competitivas sostenidas. En los capítulos 16 a 29 se encuentran los contenidos detallados para generar emprendimientos exitosos.

La tercera parte se ocupa de la construcción de la identidad y posicionamiento de un negocio Pyme, como factor de captación de clientes y operaciones. Se analizan los posibles criterios y estrategias para crear imagen convincente y persuasiva que sirva para justificar porqué los compradores deben seleccionar y ser fieles con una empresa, una marca, un producto/servicio, un local de ventas o un vendedor, frente a tantas opciones alternativas.

Los capítulos 30 a 43 incluyen las estrategias posibles para aplicar en Pymes, las estrategias y operaciones de marketing, los planes de negocios, presupuestos económicos financieros, así como los planes de contingencia para hacer frente a riesgos probables.

En la cuarta parte de este libro se describen los esquemas de información para la acción. La información es la "semilla" que genera, a través de datos internos y externos de la empresa, el conocimiento que permite elegir luego los procesos y técnicas a emplear en la conducción de las Pymes. El manejo de distintas fuentes de información, las comunicaciones internas y externas para crear valor y los mecanismos para ser más competitivos integran los contenidos que se extienden desde el capítulo 44 al 57.

La quinta parte explica lo qué es la creatividad para los negocios. Desarrolla los métodos para establecer contactos, atención, ventas y servicios a clientes. Define y plantea cómo se diseñan estrategias y técnicas de negociación, ventas y merchandising. Analiza los atributos y competencias que debe reunir un empresario o ejecutivo Pyme y demuestra la importancia y ventajas de elaborar un tablero de control para el seguimiento de las estrategias, gestiones y resultados del negocio.

En los capítulos 58 al 67 están los contenidos precedentemente sintetizados, a los que se suma finalmente la bibliografía recomendada para la profundización de cada tema específico.

Finalmente esperamos que esta obra contribuya a su desarrollo personal y comercial y enriquezca sus capacidades para la dirección y gestión de marketing y ventas dentro del negocio de una empresa Pyme y de un comercio minorista, para generar valor y lograr mayor competitividad.

¡Adelante y Mucho Éxito!

Bibliografía de apoyo y profundización

Aaker, David: "Management estratégico del mercado", editorial Hispano Europea, Colección Esade, 1987

Altschul, Carlos: "Dinámica de la negociación estratégica", editorial Granica, 2006

Ballvé, Alberto, "Tablero de Control", editorial Macchi, 2000

Bassat, Luis: "El libro rojo de la publicidad", 2da. Edición, editorial Espasa Calpe, 1998

Chan Kim, W, Mauborgne, R. "La estrategia del océano azul", editorial Norma, 2008

Chétochine, Georges "Marketing estratégico de los canales de distribución. Granica, 1999

Drucker, Peter: "La gerencia de empresas" editorial Sudamericana 1999 y sucesivas

Drucker, Peter: "El ejecutivo eficaz", editorial De Bolsillo, 2007

Fisher, Roger, Ury, William, Patton, Bruce: "Sí…de acuerdo" editorial Norma 2003

Hamel Gary & Prahalad C.K.: "Competir para el futuro", editorial Ariel, 2001

Kastica, Eduardo: "Creatividad para emprendedores", editorial Innovación, 2007

Kotler, Philip, Kéller Kevin: "Dirección de Marketing" 12ª edición, Pearson, 2006

Mintzberg H. y Quinn J.: "El Proceso Estratégico" Prentice Hall, 1993

Mouton, Dominique: "Merchandising Estratégico", FundEmi Books, 1998

Pavesi, Pierre: "Economía", editorial Macchi, 1963

Perel, Vicente L: "Organizaciones Neuróticas". Editorial Macchi, 1997

Perel, Vicente & Isabel Blanco:"Management del siglo XXI, editorial Macchi 1998

Porter Michael: "Estrategia Competitiva", editorial CECSA, 1990

Porter Michael: "Ventaja Competitiva", editorial CECSA, 1995

Rojas Breu, Rubén: "El proceso vincular" Ediciones Cooperativas, 2003

Schultz, Don, E, Lauter Born, R: "Comunicaciones de marketing integradas" editorial Granica, 2007

Stern Jorge E.: "Comercialización" Colección a Distancia, tomos 1 y 2, editorial Facultad Ciencias Económicas Universidad de Buenos Aires, 2000 y sucesivos

Stern, Jorge E.: "Las claves del marketing actual" editorial Norma, 2005

Stern, Louis W: "Canales de Comercialización", editorial Prentice Hall, 1999

Vicente Miguel: "Marketing y Competitividad" editorial Pearson, 2009

Vicente Miguel, Alonso Juan: "Principios fundamentales para la administración de organizaciones" editorial Pearson, 2008

Zeithaml & Bitner: "Marketing de servicios", 2da. Edición, Mc Graw Hill, 2001

www.ingramcontent.com/pod-product-compliance
Lightning Source LLC
Chambersburg PA
CBHW051344200326
41521CB00014B/2471

* 9 7 8 9 8 7 2 8 3 9 6 0 4 *